从新手到高手系列

一本书学出纳
新手出纳从入门到精通

蔡佩莹　主编

化学工业出版社

·北京·

《一本书学出纳——新手出纳从入门到精通》分为8个章节，具体包括认识出纳工作、点钞验钞技能、发票与收据的辨识、填制凭证的技能、出纳账簿建立与登记、现金收付与管理业务、银行结算业务、其他出纳业务等内容。

本书依据最新的法规编写而成，涵盖了出纳业务操作的整个流程，并配有大量实战范本、图表和文书，与实际工作联系紧密，具有很强的操作性和指导性强，实用性很强，可作为财务、出纳等从业者的培训用书和实用指南。

图书在版编目（CIP）数据

一本书学出纳：新手出纳从入门到精通/蔡佩莹主编． —北京：化学工业出版社，2020.1
（从新手到高手系列）
ISBN 978-7-122-35529-4

Ⅰ.①一⋯ Ⅱ.①蔡⋯ Ⅲ.①出纳-会计实务 Ⅳ.①F231.7

中国版本图书馆CIP数据核字（2019）第248376号

责任编辑：陈　蕾	装帧设计：尹琳琳
责任校对：宋　玮	

出版发行：化学工业出版社（北京市东城区青年湖南街13号　邮政编码100011）
印　　装：三河市延风印装有限公司
710mm×1000mm　1/16　印张13　字数233千字　2020年2月北京第1版第1次印刷

购书咨询：010-64518888　　　　　　　　售后服务：010-64518899
网　　址：http://www.cip.com.cn
凡购买本书，如有缺损质量问题，本社销售中心负责调换。

定　　价：58.00元　　　　　　　　　　　　　　　版权所有　违者必究

前言
PREFACE

出纳主要是会计的助手,辅助会计处理账务及银行的业务。狭义的出纳人员仅指财务会计部门的出纳人员。从广义上讲,出纳既包括财务会计部门的出纳工作人员,也包括业务部门的各类收款员(收银员)。

出纳是按照有关规定和制度,办理本单位的现金收付、银行结算及有关账务,保管库存现金、有价证券、财务印章及有关票据等工作的总称。出纳的定义告诉了我们出纳工作最大的特点就是要跟钱打交道。

在一般人看来,出纳工作很简单,不过是点点钞票、跑跑银行等事务性工作。其实不然,出纳工作不仅责任重大,而且有不少学问和政策技术问题,需要好好学习才能掌握。

做好出纳工作并不是一件很容易的事。出纳是会计工作的重要环节,涉及的是现金收付、银行结算等活动,而这些又直接关系到员工个人、单位乃至国家的经济利益,工作出了差错,就会造成不可挽回的损失。因此,出纳人员要有全面精通的政策水平,熟悉国家有关法律、法规、规章;具备必要的专业知识和专业技能;要有严谨细致的工作作风,遵守职业道德。

初做出纳的人,往往容易产生困惑,感觉自己已经学了不少财务理论知识,可一旦上岗就会遇到很多难题却无从下手。

基于此,我们组织实战经验丰富的企业内部审计专业人士编写了《一本书学出纳——新手出纳从入门到精通》。本书从实践出发,在理论和实践之间搭起一座桥梁,帮助职场出纳新手快速入门。

本书分为8个章节,具体包括认识出纳工作、点钞验钞技能、发票与收据的辨识、填制凭证的技能、出纳账簿建立与登记、现金收付与管理业务、银行结算业务、其他出纳业务等内容。

  本书涵盖了出纳业务操作的整个流程，并配有大量实战范本、图表和文书，与实际工作联系紧密，具有很强的操作性；本书依据最新的《中华人民共和国会计法》《中华人民共和国票据法》《中华人民共和国合同法》《中华人民共和国发票管理办法》《商品和服务税收分类与编码（试行）》《现金管理暂行条例》《支付结算办法》等法规编写而成，指导性强，可作为财务、出纳等从业者的培训用书和实用指南。

  在本书的编写过程中，由于编者水平有限，加之时间仓促，错误疏漏之处在所难免，敬请读者批评指正。

编　者

目录 Contents

第1章 认识出纳工作 ... 1

1.1 出纳的工作内容 ... 2
- 1.1.1 货币资金的收支与记录 ... 2
- 1.1.2 结算往来 ... 3
- 1.1.3 工资核算 ... 3
- 1.1.4 货币资金收支的监督 ... 4

1.2 出纳与会计的关系 ... 4
- 1.2.1 两者同属财会岗位 ... 4
- 1.2.2 两者的责任各有侧重 ... 4
- 1.2.3 两者的业务为分工与协作 ... 5
- 1.2.4 出纳应主动接受会计人员的监督 ... 7

1.3 出纳的工作日程 ... 7
- 1.3.1 出纳工作阶段日程 ... 7
- 1.3.2 出纳一日工作流程 ... 8
- 1.3.3 出纳需日清的工作内容 ... 9

第2章 点钞验钞技能 ... 10

2.1 2019年版第五套人民币的防伪特征 ... 11
- 2.1.1 纸币特征 ... 11
- 2.1.2 硬币特征 ... 13

2.2 人工点钞法 ... 14
- 2.2.1 手持式单指单张点钞法 ... 14

2.2.2　手持式单指多张点钞法···15
　　　2.2.3　手持式四指拨动点钞法···16
　　　2.2.4　手持式五指拨动点钞法···17
　　　2.2.5　手按式单指单张点钞法···17
　　　2.2.6　手按式双指双张点钞法···18
　　　2.2.7　手按式多指多张捻动点钞法··19
　　　2.2.8　扇面点钞法··19
　　　2.2.9　混合捻点··20
　2.3　机器点钞法··21
　　　2.3.1　准备工作··21
　　　2.3.2　操作步骤··21
　　　2.3.3　注意事项··22
　2.4　清点硬币··22
　　　2.4.1　手工清点硬币法··22
　　　2.4.2　工具清点硬币法··23

第3章　发票与收据的辨识··25

　3.1　增值税发票种类··26
　　　3.1.1　增值税专用发票··26
　　　3.1.2　增值税普通发票··26
　　　3.1.3　机动车销售统一发票··28
　　　3.1.4　二手车销售统一发票··28
　3.2　开具发票基本规定··29
　　　3.2.1　开票系统的使用··29
　　　3.2.2　开具增值税发票的要求··30
　　　3.2.3　关于发票作废··33
　3.3　发票的审查··33
　　　3.3.1　发票样式方面··33
　　　3.3.2　发票开具内容方面··34

  3.3.3 假发票的鉴定 ·· 36
 3.4 收据 ·· 38
  3.4.1 收据的分类 ··· 39
  3.4.2 发票与收据的区别 ·· 39
  3.4.3 收据的审核 ··· 39

第4章 填制凭证的技能·· 40

 4.1 与出纳有关的凭证 ··· 41
  4.1.1 出纳的原始凭证 ··· 41
  4.1.2 出纳的记账凭证 ··· 41
 4.2 凭证填写的数字书写要求 ··· 41
  4.2.1 会计数码字的标准写法 ·· 41
  4.2.2 数码金额的书写 ··· 43
  4.2.3 中文大写金额数字的书写要求 ··· 45
  4.2.4 中文大写票据日期的书写要求 ··· 48
 4.3 填制凭证的基本技能 ·· 49
  4.3.1 内容要全面 ··· 49
  4.3.2 须签名或盖章 ··· 49
  4.3.3 大、小写金额须相符 ··· 49
  4.3.4 要与实物相符 ··· 49
  4.3.5 联次要注明用途 ··· 49
  4.3.6 不得涂改、挖补 ··· 50
 4.4 记账凭证的填制 ··· 50
  4.4.1 记账凭证的内容 ··· 50
  4.4.2 记账凭证的编号 ··· 51
  4.4.3 记账凭证的填写要求 ··· 53
  4.4.4 记账凭证的审核 ··· 58
  4.4.5 记账凭证错误的更正 ··· 59

第5章　出纳账簿建立与登记 ·· 61

5.1 出纳账簿的建账 ·· 62
5.1.1 现金日记账的建账 ·· 62
5.1.2 银行存款日记账的建账 ·· 63
5.1.3 有价证券明细账 ·· 63
5.1.4 备查账簿 ·· 64
5.1.5 新一年度更换账簿 ·· 66

5.2 账簿登记 ·· 66
5.2.1 现金日记账的登记 ·· 66
5.2.2 银行存款日记账的登记 ·· 71

5.3 出纳账簿的结账 ·· 73
5.3.1 结账前的准备 ·· 73
5.3.2 结账的方法 ·· 73
5.3.3 实现会计电算化后的结账 ······································ 77

5.4 出纳账簿的对账 ·· 77
5.4.1 现金日记账的对账 ·· 78
5.4.2 银行存款日记账的对账 ·· 79
相关链接　引起未达账项的原因 ······································ 81
5.4.3 查找错账的方法 ·· 81
5.4.4 错账的更正 ·· 83
5.4.5 实现会计电算化后的对账 ······································ 86

5.5 与记账有关的其他业务 ·· 87
5.5.1 定期编制出纳报告单 ·· 87
5.5.2 编制银行存款余额调节表 ······································ 88

第6章　现金收付与管理业务 ·· 91

6.1 现金收款 ·· 92

  6.1.1 现金收入管理的原则 ………………………………………… 92
  6.1.2 严格办理收入手续 ……………………………………………… 92
  6.1.3 现金收入的程序 ………………………………………………… 93
  6.1.4 怎样复核现金收款凭证 ………………………………………… 94
    相关链接　收整付零计算法 …………………………………… 94
  6.1.5 现金收入的核算 ………………………………………………… 95
 6.2 现金支付 ……………………………………………………………… 96
  6.2.1 现金支付的范围 ………………………………………………… 96
  6.2.2 现金支付的原则 ………………………………………………… 96
    相关链接　套取现金的表现 …………………………………… 97
  6.2.3 现金支付的程序 ………………………………………………… 97
  6.2.4 现金支付的方式 ………………………………………………… 99
  6.2.5 记账 ……………………………………………………………… 99
  6.2.6 现金付款凭证的复核 …………………………………………… 99
 6.3 现金送存 ……………………………………………………………… 101
  6.3.1 整理现金 ………………………………………………………… 101
    相关链接　现金整理的方法 …………………………………… 102
  6.3.2 填写现金送款单 ………………………………………………… 102
  6.3.3 送存交款 ………………………………………………………… 103
    相关链接　封包交款 …………………………………………… 103
  6.3.4 记账 ……………………………………………………………… 105
 6.4 备用金管理 …………………………………………………………… 105
  6.4.1 备用金的领用 …………………………………………………… 105
  6.4.2 备用金的报销 …………………………………………………… 106
  6.4.3 备用金保管 ……………………………………………………… 108
 6.5 现金清点与清查 ……………………………………………………… 108
  6.5.1 每日清点现金数量 ……………………………………………… 108
  6.5.2 出纳员每日终了前进行的现金账款核对 ……………………… 109
  6.5.3 清查小组的现金盘点、核对 …………………………………… 109

第7章　银行结算业务 ... 113

7.1 支票结算 ... 114
7.1.1 签发支票的要求 ... 114
相关链接　有缺陷的支票 ... 114
7.1.2 收到支票的处理 ... 115
7.1.3 签发支票 ... 118
7.1.4 支票结算方式下银行退票的处理 ... 120
相关链接　银行退票的原因 ... 121
7.1.5 怎样办理支票挂失 ... 122
7.1.6 要避免空头支票 ... 123
7.1.7 支票的背书 ... 123

7.2 银行汇票业务 ... 125
7.2.1 怎样申请银行汇票 ... 125
7.2.2 怎样签发银行汇票 ... 127
7.2.3 怎样受理银行汇票 ... 128
7.2.4 怎样办理银行汇票的背书 ... 129
7.2.5 银行汇票退款办理 ... 130

7.3 银行本票业务 ... 132
7.3.1 银行本票的结算程序 ... 132
7.3.2 银行本票的分类 ... 132
7.3.3 银行本票结算规定 ... 133
7.3.4 怎样办理银行本票 ... 134
7.3.5 收受银行本票的处理 ... 135
7.3.6 办理银行本票的背书转让 ... 137

7.4 商业汇票业务 ... 138
7.4.1 商业汇票分类 ... 139
7.4.2 使用商业汇票的原则 ... 140
7.4.3 商业汇票的流转程序 ... 140
7.4.4 商业汇票的签发 ... 141
7.4.5 商业汇票的贴现 ... 142

7.5 托收承付结算 ······ 144
7.5.1 托收 ······ 144
7.5.2 承付 ······ 145
7.5.3 异地托收承付结算程序 ······ 145
7.5.4 对异地托收承付的管理 ······ 145

7.6 委托收款结算 ······ 146
7.6.1 委托收款结算的基本程序 ······ 146
7.6.2 如何办理托收 ······ 147
7.6.3 怎样办理付款手续 ······ 148
7.6.4 办理拒付手续及核算 ······ 149
7.6.5 委托收款结算方式下无款支付时如何处理 ······ 153

7.7 汇兑业务 ······ 155
7.7.1 汇兑结算程序 ······ 155
7.7.2 汇兑的方式选择 ······ 156
7.7.3 出纳怎样办理汇兑 ······ 157
7.7.4 汇出行受理委托 ······ 157
7.7.5 汇兑结算方式下怎样办理退汇 ······ 158

7.8 网上支付结算业务 ······ 158
7.8.1 网上支付方式 ······ 158
7.8.2 网银支付流程 ······ 159
7.8.3 支付宝结算 ······ 160
7.8.4 微信结算 ······ 162
7.8.5 微信、支付宝结算账务处理 ······ 167

第8章 其他出纳业务 ······ 168

8.1 出纳票据的管理 ······ 169
8.1.1 支票的管理 ······ 169
8.1.2 发票的管理 ······ 172
8.1.3 有价证券的保管 ······ 175

  8.1.4　商业汇票的管理 ……………………………………………… 178
8.2　保险柜的使用与管理 …………………………………………………… 181
  8.2.1　保险柜的管理 ………………………………………………… 181
  8.2.2　保险柜钥匙的配备 …………………………………………… 181
  8.2.3　保险柜的开启 ………………………………………………… 181
  8.2.4　财物的保管 …………………………………………………… 182
  8.2.5　保险柜密码 …………………………………………………… 182
  8.2.6　保险柜的维护 ………………………………………………… 182
  8.2.7　保险柜被盗的处理 …………………………………………… 182
8.3　出纳业务涉及印章的管理 ……………………………………………… 183
  8.3.1　出纳应熟悉的印章 …………………………………………… 183
  8.3.2　印章的管理 …………………………………………………… 183
  8.3.3　印章的使用 …………………………………………………… 183
  8.3.4　印章遗失或需要更换银行预留印鉴的处理 ………………… 184
8.4　会计凭证的装订与管理 ………………………………………………… 185
  8.4.1　会计凭证的装订 ……………………………………………… 185
  8.4.2　会计凭证的立卷、归档 ……………………………………… 190
8.5　出纳工作的交接 ………………………………………………………… 191
  8.5.1　交接情形 ……………………………………………………… 191
  8.5.2　交接内容 ……………………………………………………… 191
  8.5.3　交接过程 ……………………………………………………… 192
  8.5.4　出纳移交文书 ………………………………………………… 194

第 1 章

认识出纳工作

1.1 出纳的工作内容
1.2 出纳与会计的关系
1.3 出纳的工作日程

你要做出纳,首先必须了解出纳的工作内容是什么;其次,还要很清楚地知道出纳与会计岗位的区别与联系,及出纳工作的业务流程。

1.1 出纳的工作内容

虽然各个企业的特点不同,其资金运动也各有其特殊性,但只要有货币资金的收付,就要有出纳。出纳工作的目的就是让单位的钱"来得清清楚楚,用得明明白白",因此,出纳人员的工作内容和任务主要包括货币资金核算、往来结算、工资核算、货币资金收支的监督等。

1.1.1 货币资金的收支与记录

出纳的货币资金管理工作主要包括两个方面:一是日常货币资金收支业务的办理;二是上述收支业务的账务核算。

具体而言,本项工作内容主要包括以下六个方面。

(1) 做好现金收付的核算。严格按照国家有关现金管理制度的规定,根据稽核人员审核签章的收付款凭证进行复核,办理款项收付。

(2) 做好银行存款的收付核算。严格按照银行《支付结算办法》的各项规定,按照审核无误的收入与支出凭证进行复核,办理银行存款的收付。

(3) 认真登记日记账,保证日清月结。根据已经办理完毕的收付款凭证,逐笔序时登记现金和银行存款日记账,并结出余额。银行存款的账面余额及时与银行存款对账单核对,保证账证、账账、账实相符。经常与银行传递来的对账单进行核对,月末要编制银行存款余额调节表,使账面余额与对账单上余额调节相符。对未达账款,要及时查询。要随时掌握银行存款余额,不准签发空头支票。

(4) 保管库存现金和有价证券。对现金和各种有价证券,要确保其安全和完整无缺。库存现金不得超过银行核定的限额,超过部分要及时存入银行。不得以"白条"充抵现金,更不得任意挪用现金。如果发现库存现金有短缺或盈余,应查明原因,根据情况分别处理。不得私下取走或补足现金,现金如有短缺,因自身原因造成的,要负赔偿责任。对于单位保险柜密码、开户账号及取款密码等,不得泄露,更不能任意转交他人。

（5）保管有关印章，登记注销支票。出纳人员所管的印章必须妥善保管，严格按照规定用途使用。签发支票的各种印章，不得全部交由出纳一人保管。一般而言，单位财务专用章由财务主管保管。对于空白收据和空白支票必须严格管理，专设登记簿登记，认真办理领用注销手续。

（6）复核收入凭证，办理销售结算。认真审查销售业务的有关凭证，严格按照销售合同和银行结算制度，及时办理销售款项的结算，催收销售货款。发生销售纠纷，货款被拒付时，要通知有关部门及时处理。

1.1.2 结算往来

（1）办理往来结算，建立清算制度。现金结算业务的内容，主要包括：企业与内部核算单位和职工之间的款项结算；企业与外部单位不能办理转账手续和个人之间的款项结算；低于结算起点的小额款项结算；根据规定可用于其他方面的结算。对购销业务以外的各种应付、暂收款项，要及时催收结算，应付、暂收款项，要抓紧清偿。对确实无法收回的应收账款和无法支付的应付账款，应查明原因，按照规定报经批准后处理。

（2）管理企业的备用金。实行备用金制度的企业，要核定备用金定额，及时办理领用和报销手续，加强管理。对预借的差旅费，要督促及时办理报销手续，收回余额，不得拖欠，不准挪用。建立其他往来款项清算手续制度。对购销业务以外的暂收、暂付、应收、应付、备用金等债权债务及往来款项，要建立清算手续制度，加强管理及时清算。

（3）核算其他往来款项，防止坏账损失。对购销业务以外的各项往来款项，要按照单位和个人分户设置明细账，根据审核后的记账凭证逐笔登记，并经常核对余额。年终要抄列清单，并向领导或有关部门报告。

1.1.3 工资核算

（1）执行工资计划，监督工资使用。根据批准的工资计划，会同劳动人力资源部门，严格按照规定掌握工资和奖金的支付，分析工资计划的执行情况。对于违反工资政策，滥发津贴、奖金的，要予以制止，并向领导和有关部门报告。

（2）审核工资单据，发放工资奖金。根据实有职工人数、工资等级和工资标准，审核工资奖金计算表，办理代扣款项（包括计算个人所得税、住房基金、劳保基金、失业保险金等），计算实发工资。

（3）负责工资核算，提供工资数据。按照工资总额的组成和支付工资的来源，进行明细核算。根据管理部门的要求，编制有关工资总额报表。

1.1.4 货币资金收支的监督

货币资金收支过程中会面临很多消极因素，为了保证货币资金收支的安全，必须对其实施有效的监督。出纳监督是依据国家有关的法律法规和企业的规章制度，在维护财经纪律、执行会计制度的工作权限内，坚决抵制不合法的收支和弄虚作假的行为。出纳在办理现金和银行存款各项业务时，要严格按照财经法规进行，违反规定的业务一律拒绝办理。随时检查和监督财经纪律的执行情况，以保证出纳工作的合法性、合理性，保护单位的经济利益不受侵害。

1.2 出纳与会计的关系

1.2.1 两者同属财会岗位

从人员关系上来讲，出纳人员与会计人员都属于一个独立核算单位的财务工作者，都处于要害工作岗位，他们的地位是等同的。精明的企业领导者在选择出纳人员时，除了看其是否忠诚可靠外，还要看其是否有现代经营意识，是否有社会活动能力，这也就是通常所说的公关能力。

从业务关系上来说，出纳与会计都属于一个单位的财会岗位，工作中应相互协助、密切合作，共同打理好企业的日常财会业务，做好本职工作。但他们之间又有着明确分工，工作上各有侧重，即"出纳管钱，会计管账"。

1.2.2 两者的责任各有侧重

（1）出纳负责的工作。出纳人员专管货币资金的收付以及与之相关的现金日记账和银行存款日记账的登记。同时，出纳人员还必须每日或者定期与会计人员对账，核对双方库存现金、银行存款账是否相符，以做到相互配合、相互监督，从而避免多报、冒领等差错。因此，出纳人员不是单纯地办理现金的收付和银行存款的存取,也要涉及部分会计业务,所以需要学习会计知识,以便在填制"收款凭证"和"付款凭证"时,熟练地掌握会计科目的对应关系。

(2)会计负责的工作。会计人员专管总账和除货币资金之外的其他明细账。会计岗位有许多细分,如记账会计、税务会计、材料会计、成本会计等。会计人员要负责整个会计核算工作,从平行登记总账、明细账到编制会计报表,以及完成纳税申报和成本核算。

1.2.3 两者的业务为分工与协作

从会计分管的账簿来看,可将财会岗位分为总账会计、明细账会计和出纳。二者既有区别又有联系,体现为分工与协作的关系。

《中华人民共和国会计法》(以下简称《会计法》)中明确规定企业必须实行钱账分管,出纳人员不得兼管稽核和会计档案保管,以及收入、费用、债权债务等账目的登记工作;总账会计和明细账会计则不得管钱、管物。具体分工如图1-1所示。

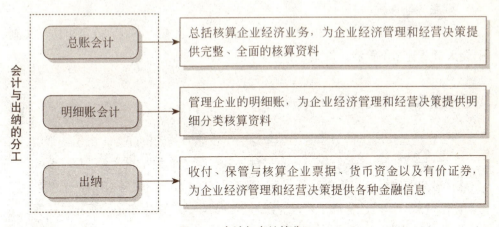

图1-1 会计与出纳的分工

(1)三者之间互相依赖且牵制

① 互相依赖。由于出纳、明细账会计和总账会计所使用的核算依据是相同的,都是原始凭证和记账凭证,因此三者之间具有很强的依赖性。这些会计凭证作为记账依据,必须在出纳、明细账会计和总账会计之间按照一定的顺序传递。他们相互利用对方的核算资料,共同完成会计任务。

② 互相牵制与控制。三者之间又互相牵制与控制,三者缺一不可。出纳的现金和银行存款日记账与总账会计的现金和银行存款总分类账,总分类账与其所

属的明细分类账，明细账中的有价证券账与出纳账中相应的有价证券账，有金额上的等量关系。因此，出纳、明细账会计、总账会计三者之间就构成了相互牵制与控制的关系，三者之间必须相互核对，保持账目相符。

（2）出纳核算是一种特殊的明细核算。出纳与明细账会计的区别是相对的，出纳核算是一种特殊的明细核算。出纳需要分别按照现金和银行存款设置日记账，对银行存款还要按照存入的不同户头分别设置日记账，逐笔序时地进行明细核算。对于"现金日记账"，要每天结出余额，并与库存数进行核对；对于"银行存款日记账"，也要在月内多次结出余额，并与开户银行进行核对。月末都必须按规定进行结账。月内还要多次出具报告单，报告核算结果，并与现金和银行存款总分类账进行核对。

（3）账实兼管——出纳。出纳是一个账实兼管的工作，具体内容有以下几个方面。

① 与现金、银行存款和各种有价证券的收入与结存相关的核算。

② 保管现金、有价证券，管理银行存款账户。

③ 管理保险柜，办理收支结算手续。

④ 账务处理。

由以上几点可以看出，出纳工作与其他财务工作有所不同。除了出纳，其他财会人员是管账不管钱，管账不管物。

特别提示

出纳工作的这种分工并不违背财务"钱账分管"的原则，这是因为出纳账是一种特殊的明细账，总账会计还要设置"现金""银行存款""长期投资""短期投资"等相应的总分类账，以此来对出纳保管和核算的现金、银行存款、有价证券等进行总金额控制。其中，有价证券还应有出纳核算以外的其他形式的明细分类核算。

（4）出纳工作直接参与经济活动过程。货物的购销要经过两个过程：货物移交和货款结算。其中，货款结算的收入与支付必须通过出纳来完成；往来款项的收付、各种有价证券的经营以及其他金融业务的办理也离不开出纳人员的参与。这两点也是出纳工作的一个显著特点，其他财务工作一般不直接参与经济活动过程，而只对其进行反映和监督。

1.2.4 出纳应主动接受会计人员的监督

虽说出纳人员与会计人员的地位是平等的，二者在工作上紧密联系、分工协作、缺一不可，但是，二者在业务的隶属关系上还是有主次之分的。出纳人员应当在以下两个方面主动接受会计人员的监督。

（1）主动为现金盘库提供条件，绝不能认为监督盘库是对出纳人员的不信任。

（2）对账时，主动为会计人员报出现金库存数，再由会计人员核对账款是否相符。不应当由会计人员结账后先报出现金账户的余额，再由出纳人员表示账款是否相符，这样会造成会计监督的本末倒置，其后果十分有害。

特别提示

出纳工作只是整个财会工作的一部分，只有会计或主管会计才可总揽本部门财会工作的全局。作为出纳人员，不得越权。

1.3 出纳的工作日程

1.3.1 出纳工作阶段日程

出纳工作是按时间分阶段进行处理和总结的。因此，出纳员在了解资金收支的一般程序和账务处理之后，要对工作有个时间的概念，以保证出纳业务得到及时处理，出纳信息得到及时反映。

（1）上班第一时间，检查现金、有价证券及其他贵重物品。

（2）向有关领导及会计主管请示资金安排计划。

（3）列明当天应处理的事项，分清轻重缓急，根据工作时间合理安排。

（4）按顺序办理各项收付款业务。

（5）当天下班前，应将所有的收付款单据编制记账凭证登记入账。

（6）因特殊事项或情况，造成工作未完成的，应列明未尽事项，留待翌日优先办理。

(7) 根据单位需要，每天或每周报送一次出纳报告。

(8) 当天下班前，出纳人员进行账实核对，必须保证现金实有数与日记账、总账相符；收到银行对账单的当天，出纳人员进行核实，使银行存款日记账、总账与银行对账单在进行余额调节后应当相符。

(9) 每月终了3天内，出纳人员应当对其保管的支票、发票、有价证券，重要结算凭证进行清点，按顺序进行登记核对。

(10) 其他出纳工作的办理。

(11) 当天下班前，出纳人员应整理好办公用品，锁好抽屉及保险柜，保持办公场所整洁，无资料遗漏或乱放现象。

1.3.2 出纳一日工作流程

出纳每天的业务量似乎很大，如果不合理安排自己每天的时间，一定会非常忙乱，其实，出纳每天的工作都是有规律可循的。出纳一日工作流程如表1-1所示。

表1-1 出纳一日工作流程

序号	时间段	工作内容
1	上班后	(1) 要立刻检查、清点保险柜里存放的物品。包括现金、印章、票据等，并检查办公设备是否完整、完好 (2) 要向上级请示当天新增资金的安排计划 (3) 补充编制当天的工作计划，分轻重缓急，根据时间进行安排
2	工作期间	(1) 办理各项对内对外的收款和付款业务 (2) 审核原始凭证（如发票）和收付款的审批手续，填写记账凭证，登记日记账，按照单位的规定，办理报批手续 (3) 处理其他出纳业务工作
3	下班前30分钟内	(1) 用电话或者网上银行系统查询银行账户里还有多少钱，并与"银行存款账"进行核对 (2) 清点库存现金（保险柜和其他现金暂存处），并与"现金日记账"进行核对 (3) 发生账款不符的问题，要本着日清月结的原则，立即查清原因，并做相应调整 (4) 向上级提交当天现金和银行存款余额的报表
4	下班离开前	(1) 将当天所有的凭证、账表和涉密的资料加锁存好 (2) 将重要物品存入保险柜 (3) 检查所有应锁存的物件是否已完全存入锁好 (4) 整理桌面和办公环境

从表1-1所示这四个部分看,出纳工作似乎挺简单。实际上,"工作期间"的内容是整个出纳工作很重要的一部分,也是日常工作中最为繁杂的业务处理阶段。

1.3.3 出纳需日清的工作内容

日清月结是出纳员办理现金出纳工作的基本原则和要求,也是避免出现长款、短款的重要措施。

所谓日清月结就是出纳员办理现金出纳业务,必须做到按日清理,按月结账。

这里所说的按日清理,是指出纳员应对当日的经济业务进行清理,全部登记日记账,结出库存现金账面余额,并与库存现金实地盘点数核对相符。

按日清理的内容包括以下几点。

(1)清理各种现金收付款凭证,检查单证是否相符,也就是说各种收付款凭证所填写的内容与所附原始凭证反映的内容是否一致;同时还要检查每张单证是否已经盖齐"收讫"或者"付讫"的戳记。

(2)登记和清理日记账。将当日发生的所有现金收付业务全部登记入账,在此基础上,看看账证是否相符,即现金日记账所登记的内容、金额与收、付款凭证的内容、金额是否一致。清理完毕后,结出现金日记账的当日库存现金账面余额。

(3)现金盘点。出纳员应按券别分别清点其数量,然后加总,即可得出当日现金的实存数。将盘存得出的实存数和账面余额进行核对,看两者是否相符。如发现有长款或短款,应进一步查明原因,及时进行处理。所谓长款,指现金实存数大于账存数;所谓短款,是指实存数小于账面余额。如果经查明长款属于记账错误、丢失单据等,应及时更正错账或补办手续,如属少付他人则应查明退还原主,如果确实无法退还,应经过一定审批手续可以作为单位的收益;对于短款如查明属于记账错误应及时更正错账;如果属于出纳员工作疏忽或业务水平问题,一般应按规定由过失人赔偿。

(4)检查库存现金是否超过规定的现金限额。如实际库存现金超过规定库存限额,则出纳员应将超过部分及时送存银行;如果实际库存现金低于库存限额,则应及时补提现金。

第 2 章

点钞验钞技能

2.1　2019年版第五套人民币的防伪特征

2.2　人工点钞法

2.3　机器点钞法

2.4　清点硬币

2.1 2019年版第五套人民币的防伪特征

根据中国人民银行2019年4月22日4号公告,人民银行已于2019年8月30日发行了2019年版第五套人民币50元、20元、10元、1元纸币和1元、5角、1角硬币。

2.1.1 纸币特征

2019年版第五套人民币50元、20元、10元、1元纸币分别保持2005年版第五套人民币50元、20元、10元纸币和1999年版第五套人民币1元纸币规格、主图案、主色调、"中国人民银行"行名、国徽、盲文面额标记、汉语拼音行名、民族文字等要素不变,提高了票面色彩鲜亮度,优化了票面结构层次与效果,提升了整体防伪性能。2019年版第五套人民币50元、20元、10元、1元纸币调整正面毛泽东头像、装饰团花、横号码、背面主景和正背面面额数字的样式,增加正面左侧装饰纹样,取消正面右侧凹印手感线和背面右下角局部图案,票面年号改为"2019年"。

（1）50元纸币。防伪特征说明如表2-1所示。

表2-1 50元纸币防伪特征

特征	特征说明
光彩光变面额数字	位于票面正面中部。改变钞票观察角度,面额数字"50"的颜色在绿色和蓝色之间变化,并可见一条亮光带上下滚动
雕刻凹印	票面正面毛泽东头像、国徽、"中国人民银行"行名、装饰团花、右上角面额数字、盲文面额标记及背面主景等均采用雕刻凹版印刷,触摸有凹凸感
动感光变镂空开窗安全线	位于票面正面右侧。改变钞票观察角度,安全线颜色在红色和绿色之间变化,亮光带上下滚动。透光观察可见"¥50"
人像水印	位于票面正面左侧。透光观察,可见毛泽东头像水印
胶印对印图案	票面正面左下角和背面右下角均有面额数字"50"的局部图案。透光观察,正背面图案组成一个完整的面额数字"50"
白水印	位于票面正面左侧下方。透光观察,可见面额数字"50"

（2）20元纸币。防伪特征如表2-2所示。

表2-2 20元纸币防伪特征

特征	特征说明
光彩光变面额数字	位于票面正面中部。改变钞票观察角度，面额数字"20"的颜色在金色和绿色之间变化，并可见一条亮光带上下滚动
雕刻凹印	票面正面毛泽东头像、国徽、"中国人民银行"行名、装饰团花、右上角面额数字、盲文面额标记及背面主景等均采用雕刻凹版印刷，触摸有凹凸感
光变镂空开窗安全线	位于票面正面右侧。改变钞票观察角度，安全线颜色在红色和绿色之间变化。透光观察可见"¥20"
花卉水印	位于票面正面左侧。透光观察，可见花卉图案水印
胶印对印图案	票面正面左下角和背面右下角均有面额数字"20"的局部图案。透光观察，正背面图案组成一个完整的面额数字"20"
白水印	位于票面正面左侧下方。透光观察，可见面额数字"20"

（3）10元纸币。防伪特征如表2-3所示。

表2-3 10元纸币防伪特征

特征	特征说明
光彩光变面额数字	位于票面正面中部。改变钞票观察角度，面额数字"10"的颜色在绿色和蓝色之间变化，并可见一条亮光带上下滚动
雕刻凹印	票面正面毛泽东头像、国徽、"中国人民银行"行名、装饰团花、右上角面额数字、盲文面额标记及背面主景等均采用雕刻凹版印刷，触摸有凹凸感
光变镂空开窗安全线	位于票面正面右侧。改变钞票观察角度，安全线颜色在红色和绿色之间变化。透光观察可见"¥10"
花卉水印	位于票面正面左侧。透光观察，可见花卉图案水印
胶印对印图案	票面正面左下角和背面右下角均有面额数字"10"的局部图案。透光观察，正背面图案组成一个完整的面额数字"10"
白水印	位于票面正面左侧下方。透光观察，可见面额数字"10"

（4）1元纸币。防伪特征如表2-4所示。

表2-4 1元纸币防伪特征

特征	特征说明
雕刻凹印	票面正面毛泽东头像、国徽、"中国人民银行"行名、装饰团花、右上角面额数字、盲文面额标记等均采用雕刻凹版印刷，触摸有凹凸感
花卉水印	位于票面正面左侧。透光观察，可见花卉图案水印
白水印	位于票面正面左侧下方。透光观察，可见面额数字"1"

2.1.2 硬币特征

2019年版第五套人民币1元、5角、1角硬币分别保持1999年版第五套人民币1元、5角硬币和2005年版第五套人民币1角硬币外形、外缘特征、"中国人民银行"行名、汉语拼音面额、人民币单位、花卉图案、汉语拼音行名等要素不变，调整了正面面额数字的造型，背面花卉图案适当收缩。

（1）1元硬币。2019年版第五套人民币1元硬币保持1999年版第五套人民币1元硬币外形、外缘特征、"中国人民银行"行名、汉语拼音面额、人民币单位、花卉图案、汉语拼音行名等要素不变，调整了正面面额数字的造型，背面花卉图案适当收缩。直径由25毫米调整为22.25毫米。正面面额数字"1"轮廓线内增加隐形图文"¥"和"1"，边部增加圆点。材质保持不变。

隐形图文：在硬币正面面额数字轮廓线内，有一组隐形图文"¥"和"1"。转动硬币，从特定角度可以观察到"¥"，从另一角度可以观察到"1"。

外缘滚字：在硬币外缘的圆柱面，有等距离分布的三组字符"RMB"。

（2）5角硬币。2019年版第五套人民币5角硬币保持1999年版第五套人民币5角硬币外形、外缘特征、"中国人民银行"行名、汉语拼音面额、人民币单位、花卉图案、汉语拼音行名等要素不变，调整了正面面额数字的造型，背面花卉图案适当收缩。材质由钢芯镀铜合金改为钢芯镀镍，色泽由金黄色改为镍白色。正背面内周缘由圆形调整为多边形。直径保持不变。

防伪特征——间断丝齿。在硬币外缘的圆柱面，共有六个丝齿段，每个丝齿段有八个齿距相等的丝齿。

（3）1角硬币。2019年版第五套人民币1角硬币保持2005年版第五套人民币

1角硬币外形、外缘特征、"中国人民银行"行名、汉语拼音面额、人民币单位、花卉图案、汉语拼音行名等要素不变,调整了正面面额数字的造型,背面花卉图案适当收缩。正面边部增加圆点。直径和材质保持不变。

2.2 人工点钞法

人工点钞法就是手工点钞,根据持票方法的不同,可分为手持式点钞法、手持推捻式点钞法、手按式点钞法和扇面点钞法。按操作指法的不同,分为单指点钞法和多指点钞法。根据点钞张数的不同,又可划分为单指单张点钞法、单指多张点钞法、多指多张点钞法等。多指多张点钞法又可分为多指多张捻动点钞法、三指三张推动点钞法、三指拨动点钞法和扇面多指交替拨动点钞法。

2.2.1 手持式单指单张点钞法

单指单张点钞法是点钞中最基本也是最常用的一种方法。它适用的范围较广,可用于收款、付款和整点各种新旧、大小面额的钞票。使用这种点钞法,由于持票面积小,清点钞票时能看到票面的3/4,逐张捻动手感强,因而容易发现假钞,便于剔除残破钞。手持式单指单张点钞时要注意:身体坐直,胸部直挺,两肘轻按在桌面上,两手竖执钞票,手腕自然抬起,右手腕略高于左手腕。具体操作方法可以分为持票与拆把、清点、记数、挑残破钞票、墩齐、扎把、盖章七个步骤,如表2-5所示。

表2-5 手持式单指单张点钞法的步骤与操作要领

序号	步骤	操作要领
1	持票与拆把	左手横执钞票,正面朝向身体,左手拇指在钞票正面左端约1/4处,食指与中指在钞票背面与拇指同时捏住钞票,无名指与小指自然弯曲并伸向钞票前左下方,与中指夹紧钞票,食指伸直,拇指向上移动,按住钞票侧面,将钞票压成瓦形,右手上前脱去纸条。然后,左手将钞票从桌面上擦过,拇指顺势将钞票向上翻成微开的扇面形,同时,右手拇指、食指、中指蘸水做点钞准备

续表

序号	步骤	操作要领
2	清点	拆好把后，左手持钞并形成瓦形，用右手拇指尖逐张向下捻动钞票的右上角，捻的幅度要小，不要抬得过高，以免影响速度。食指在钞票背面托住配合拇指捻动，中指翘起不要触及钞票，无名指将捻起的钞票向怀里弹，要注意轻点快弹。清点中，当拇指蘸的水用完时，可以向中指稍蘸一下，即可点完100张
3	记数	与清点同时进行。记数有两种基本方法：一种是习惯记数法，即从1数至100；另一种是分组记数法，在点数速度快的情况下，往往由于记数迟缓而影响点钞的效率，因此记数应该采用分组记数法
4	挑残破钞票	清点时发现残破钞票，要随手向外折叠，使钞票伸出外面一截，待点完后，抽出残破钞票，补上好钞票
5	墩齐	点完100张后，左手拇指与食指、中指之间捏住钞票，无名指、小指伸向钞票的背面，使钞票正面朝向身体横执在桌面上，左右手松拢墩齐，再将钞票竖起墩齐，使钞票四端整齐，然后左手持票做扎把准备
6	扎把	左手横执钞票，其拇指按在票前，食指伸直在钞票的上侧，其余三个指头在后，捏住钞票的左端约占票面1/3处。右手拇指、食指和中指取捆钱条，捏在捆钱条的1/3处，并将捆钱条搭在钞票的背面，用左手食指按住，右手拇指和中指捏住捆钱条长的一端往下向外绕半圈，用食指钩住捆钱条短的一头，将捆钱条的两端合拢捏紧，然后左手稍用力握住钞票的正面，将钞票捏成正面凸出瓦形，左手腕向外转，右手捏住捆钱条向里转，然后在双手还原的同时将右手的捆钱条拧紧，用食指将捆钱条头掖在凹面瓦形里，再把钞票抚平，使捆钱条压在下面
7	盖章	每点完一把钞票，都要加盖自己的名章，名章应盖在钞票上侧的捆钱条上，而且要清晰

2.2.2 手持式单指多张点钞法

单指多张点钞法是在单指单张点钞法的基础上发展起来的点钞方法，适用于收款、付款和各种各样的整点工作，比单指单张点钞法省力，记数方便，效率高，但是点钞时从第二张以后能看到的钞票面积小，假钞和残破钞票不易识别。具体操作方法除记数、清点外，其他均与手持式单指单张点钞法相同，只是持票时钞票的倾斜度稍大点，如表2-6所示。

表2-6 手持式单指多张点钞法的步骤与操作要领

序号	步骤	操作要领
1	清点	清点时，右手食指放在钞票背面右上角，拇指肚放在正面右上角，拇指尖超出票面，用拇指肚先捻钞。单指多张点钞法，拇指用力要均衡，捻的幅度不要太大，食指、中指在票后面配合捻动，拇指捻张，无名指向怀里弹。在右手拇指往下捻动的同时，左手指稍抬，使票面拱起，从侧边分层错开，以便于看清张数，左手拇指往下拨钞票，右手拇指抬起让钞票下落，左手拇指在拨钞的同时下按其余钞票，左右两手拇指一起一落协调动作，如此循环，直至点完
2	记数	采用分组记数法。如：点双数，两张为一组记一个数，50组就是100张；点三张为一组记一个数，33组余一张即是100张；点四五张以上者均以此方法计算，但以5张为一组记数时，因点数要求两次凑足10张，所以，每次无论是多于或少于5张的，均按5张记数，只是在心中掌握下次多点或少点，以补齐10张整数

2.2.3 手持式四指拨动点钞法

手持式四指拨动点钞法适用于收款、付款和整点工作，五角以上的票券均能点，特别是整把的钞票最适用。这种点钞方法双手协调姿势灵活；点钞轻松，记数方便；连绵不断，速度快捷，是近年来普及较快的一种点钞方法。但点钞时，在下端夹有折叠的钞票不易发现，所以不适合整点残破太多的钞票。具体操作步骤与要领如表2-7所示。

表2-7 手持式四指拨动点钞法的步骤与操作要领

序号	步骤	操作要领
1	持票与拆把	以左手持票手心向下，中指向手心自然弯曲，手指背面贴在钞票中间稍左的内侧，将食指、无名指和小指放在钞票的外侧，几指同时贴紧票券把钞票夹起，左手中指将钞票向外顶，食指、无名指和小指以中指为轴，用拇指配合，将钞票两端向内弯，使钞票压成瓦形。其间用右手拇指勾断纸条，左手拇指轻轻压钞票的右上角，并略有前推的力量，使钞票的上端微开成扇面形。同时，右手食指、中指、无名指、小指指头蘸水，做点钞准备
2	清点	右手拇指轻轻托在钞票右上角扇形的下端，食指、中指、无名指和小指并拢，四指尖呈斜直线。点数时，先以小指触及票面弧面上，然后无名指、中指和食指按顺序逐一触及弧形面上，并向下方拨票，点数时左手拇指、中指随着右手点数，逐渐向上移动，食指稍向前推，以适应待点钞票的厚度

续表

序号	步骤	操作要领
3	记数	采用分组计数,四张为一组,记一个数,记数时从二指拨下钞票后起记,数至24组(即96张)就以左手食指和拇指将剩余的钞票捻开,如果是4张,即为100张
4	挑残破钞票	点数时发现残破钞票,用两个手指捏住(其他手指松开)向外折叠,露出一端,待一把钞票点完后,左手将钞票横立桌上,用右手控住,左手将残破钞票抽出,补上完整钞票。运用手持式四指拨动点钞法在拨票时,首先要充分发挥手指关节作用,尽量减少手腕动作,以减轻劳动强度;其次左手拇指和中指夹住钞票两侧时,必须松紧适当,以防钞票太松脱落或过紧不易拨钞;最后拨票时目光应集中在钞票的右上角,以便看出残破券,发现双张和拨空等

2.2.4 手持式五指拨动点钞法

这种点钞法适用于收款、付款和整点工作。操作时主要靠手指关节活动,动作范围小,可减轻劳动强度。其优点是省力、效率高,其步骤与操作要领如表2-8所示。

表2-8 手持式五指拨动点钞法的步骤与操作要领

序号	步骤	操作要领
1	持钞	拆把后左手持钞,左手小指在前,无名指在后,夹住钞票左端,中指、拇指夹住钞票上端两侧,拇指要高于中指,中指稍用力,使钞票向后弯曲成瓦形,食指稍弯曲顶住钞票背面上端中间
2	清点	清点用右手,先从拇指开始,从左上角向下方拨起第一张,接着用食指、中指、无名指、小指依次从右上角向左下方拨起第二、第三、第四、第五张,完成一次清点。然后再用拇指拨钞……反复循环操作,直至点完
3	记数	采用分组记数法,每次点5张为一组记一个数,点20组为100张
4	扎把、盖章	与单指单张方法相同,五指五张点钞法要求右手腕要灵活,五指动作要协调

2.2.5 手按式单指单张点钞法

手按式单指单张点钞法看到的钞票面积大,便于挑剔残破票和发现假票,只是点钞速度比手持式单指单张点钞法慢,工作强度相对来说也要大些。这种点钞方法多用于收款、付款和整点各种新旧、大小面额的钞票,特别适用于整点辅币及残破券多的钞票。其具体操作程序如图2-1所示。

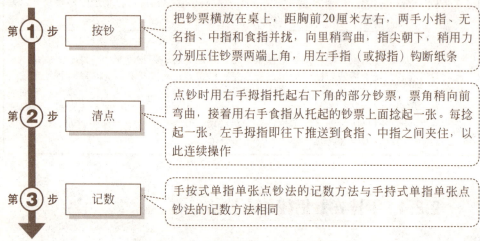

图2-1 手按式单指单张点钞法操作程序

2.2.6 手按式双指双张点钞法

手按式双指双张点钞法的速度比手按式单张捻点法快些,缺点是挑残破票不方便,所以不适于整点残破票多的钞票,工作强度也比较大。它适用于收款、付款和整点各种新旧币。其具体操作程序如图2-2所示。

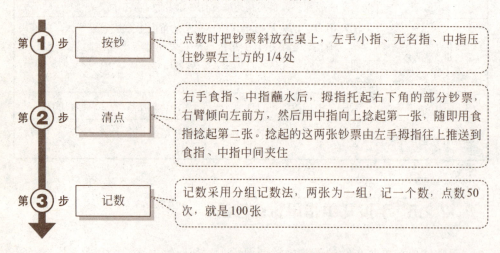

图2-2 手按式双指双张点钞法操作程序

2.2.7 手按式多指多张捻动点钞法

手按式多指多张捻动点钞法的点钞速度要比单指单张点钞法快，只是在点钞时，除了第一张钞票以外，其余各张看到的钞票面积太小，不宜整点残破票多的钞票，也不易发现假钞，劳动强度也较大。手按式多指多张捻动点钞法适用于收款、付款和整点各种新旧不同、大小面额不同的钞票。其具体操作程序如图2-3所示。

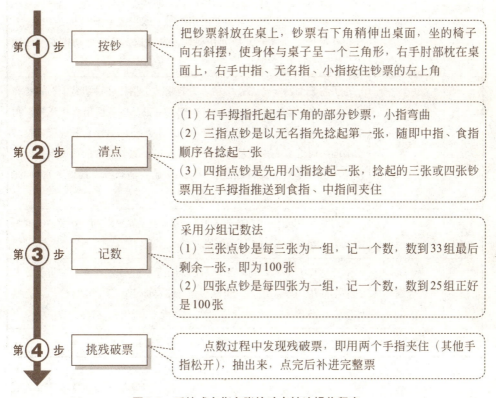

图2-3 手按式多指多张捻动点钞法操作程序

2.2.8 扇面点钞法

把钞票捻成扇面状进行清点的方法叫扇面点钞法。这种点钞方法速度快，是手工点钞中效率最高的一种。但它只适合清点新票币，不适于清点新、旧、破混合钞票。其步骤与操作要领如表2-9所示。

表2-9　扇面点钞法的步骤与操作要领

序号	步骤	操作要领
1	持钞	首先将钞票竖拿，左手拇指在票前下部中间票面约1/4处。食指、中指在票后同拇指一起捏住钞票，无名指和小指拳向手心。右手拇指在左手拇指的上端，用虎口从右侧卡住钞票成瓦形，食指、中指、无名指、小指均横在钞票背面，用拇指勾掉钞票上的捆钱条做开扇准备
2	开扇	作为扇面点钞法的一个重要环节，必须掌握扇面打开的幅度，目的是为点数做好准备、打好基础。打扇面时，左右两手一定要配合协调，不要将钞票捏得过紧，如果点数时采取一按十张的方法，扇面要开小些，便于点清。开扇动作要快，拿、捻、抖三个动作要一气呵成，达到一次开扇成功
3	点数	左手将扇面持平，右手中指、无名指、小指托住钞票背面，拇指在钞票右上角1厘米处，一次按下5张或10张，按下后用食指压住，拇指继续向前按第二次，以此类推。同时左手应随右手点数速度向内转动扇面，以迎合右手按动，右手和肘部也要随着点数的速度自然向左移动，使双手始终保持适当的距离，眼睛看清张数，直到点完100张为止
4	记数	采用分组记数法。一次按5张为一组，记满20组为100张。一次按10张为一组，记满10组为100张
5	合扇	清点完毕合扇时，将左手向右倒，右手托住钞票右侧向左合拢，左右手指向中间一起用力，使钞票竖立在桌面上，两手松拢轻墩，把钞票墩齐，准备扎把
6	扎把、盖章	扇面点钞法的扎把、盖章方法与单指单张点钞方法相同

2.2.9　混合捻点

这种点钞方法是将不同票面的钞票经过分类，按票面面额大小顺序放在一起，一边点数、一边心算，点完张数，加计出总数。

（1）点数。从小额票开始单张捻点，此方法与单张捻点相同。

（2）计数。1元以双张为主计，捻点后，成单的另计，然后将2元的接着点，点完后，点5元的……以此类推，以心算为主，加之余数即为所捻点之数。

2.3 机器点钞法

使用机器整点票币，可以减轻出纳人员的工作强度，提高工作效率。

2.3.1 准备工作

（1）点钞机放在点款人员的正前方，使用时先开通电源，检查各机件是否完好，运转是否正常，试验捻钞拉力是否合适，观察下钞是否通畅、整齐，计数是否准确。调试一般要求达到不松、不紧、不咬、不塞。

（2）待点的钞票整齐排放在点钞机的右侧，捆钱条和印章按固定位置放好，保证点钞过程的连续性，并要根据清点的票面调整好落钞斗。

（3）根据点钞的不同需要，选择功能键。

2.3.2 操作步骤

机器点钞法的步骤与操作要领如表2-10所示。

表2-10　机器点钞法的步骤与操作要领

序号	步骤	操作要领
1	持钞	右手拇指在钞票下侧，食指在钞票中心，中指、无名指、小指在外面，捏住钞票
2	拆把	右手食指将钞票中心向外推，拇指与中指、无名指、小指同时将钞票捏成半弧形，左手将纸条抽去，右手拇指与食指夹在上侧边，松开中指、无名指、小指，这时钞票下侧弹回原处，自然形成斜坡形，放入托钞板，便于下钞流畅，注意将数码管显示数字调整为"0"
3	清点	将钞票轻轻放入下钞斗内，勿用力过大，以免造成塞钞，应使其自然下滑；目光迅速转向运钞带，如果发现有破损券、夹杂券、假钞或其他异物，需立即剔出；钞票全部下到积钞台后，看清显示数字是否与持把所标金额相符；确认金额无误后将钞票取出墩齐、扎把。在清查过程中要根据票面大小，随时调整积钞台大小档次，以适应大小不同的票币，使其整齐；在整点整把钞票时，如果发现数码管显示不是100时需要复点。在复点前必须首先将数码管显示数字还原为"0"后再复点，并注意保管好原把纸条，不能混淆，以便分清责任
4	扎把	机器点钞法的扎把方法与手持式单指单张点钞法相同

2.3.3 注意事项

（1）在机器点钞过程中，如下钞正常，目光要集中在运钞带上，直至下钞完毕，目光再移到数码上，看金额是否准确。

（2）在取出刚点完的钞票时，特别要注意取净，防止落下，造成混把。

（3）点完一把钞票后，要检查一次机器底下是否有遗张，特别是在发现少款的情况下要仔细检查输钞带、捻钞轮底下是否有"吃钞"。

> **特别提示**
>
> 对于点钞机，在保养时一定要注意以下事项。
>
> （1）保持点钞机清洁。要经常清除机内积尘，重点在传感器上（小电珠、光导管、面板）。清除积尘时，注意不要弄断、碰脱接线。
>
> （2）经常加油。各部件轴与活动部位，各轴承电机轴承均应定期和适量加油。
>
> （3）工作结束后应检查并加罩保管。机器停用后，应拔掉电源插头，将积钞台拍打板收拢，清除积尘，待机器散热后用机罩罩好。
>
> （4）专职保管使用。要建立责任制度，实行定机、定人、定责任，精心保养，保证机器性能经常处于良好状态。

2.4 清点硬币

常见的清点硬币的方法有手工清点硬币法和工具清点硬币法两种。

2.4.1 手工清点硬币法

手工清点硬币法的操作步骤及要领如表2-11所示。

表2-11 手工清点硬币法的操作步骤及要领

序号	步骤	操作要领
1	摆放硬币	将要点数的硬币按面值大小挑选出来，将统一面值的硬币向横压放在一起，应多放一些
2	点数	用左手拇指、食指把住硬币两端，中指起辅助作用，每次点数5枚或10枚，将硬币翻向左边，点完数的硬币向左横压放在一起，点数过程中，右手起辅助作用
3	封卷	（1）封卷时双手的无名指、小指顶住硬币两端，用双手拇指与食指捏住折叠部分的纸，紧紧包住硬币，在桌面上往身体部位将币卷拉一下，拉时双手中指压住前面的纸，让纸紧紧裹住币卷，边向前滚动币卷，边用双手的食指、中指将折叠部分的纸边沿硬币卷掖压一下，可以挡住硬币卷顺势往前滚动，将纸边压住裹紧，裹时双手拇指要顶住卷的后面 （2）左手的拇指同时掖压左面的包封纸边，使币卷左端面固定下来。左手从指尖到掌心在桌面上向前搓动硬币卷，边搓，右手的前三个手指边掖压封纸到硬币卷里面去，右边的封口就封好了，将硬币卷攥在右手中，开始封左面的封口，先从纸角边处用左手的拇指、食指转着掖好左端封口 （3）封口员也可以边搓左右手同时边掖封纸，也可以先搓成卷，然后左右手分别压封端的纸边

2.4.2 工具清点硬币法

目前，使用比较普遍的有推动式和拉锁式两种清点器。

（1）推动式硬币清点器操作。其具体操作流程如图2-4所示。

（2）拉锁式硬币清点器操作。拉锁式硬币清点器在清点硬币时与推动式硬币清点器基本相同，所不同的是制动器安装的部位不一样，它的制动器安装在清点器的上部，且是拉锁式，靠手来回拉动，使币槽内的硬币呈交错分布进行清点。其他流程与方法均相同。

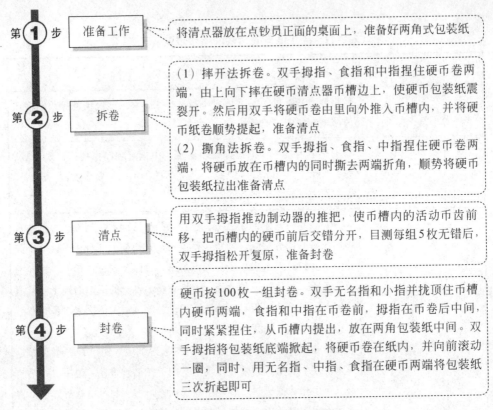

图2-4　推动式硬币清点器操作流程

第3章

发票与收据的辨识

3.1 增值税发票种类

3.2 开具发票基本规定

3.3 发票的审查

3.4 收据

3.1 增值税发票种类

3.1.1 增值税专用发票

增值税专用发票由基本联次或者基本联次附加其他联次构成,分为三联版和六联版两种。基本联次为三联:第一联为记账联,是销售方记账凭证;第二联为抵扣联,是购买方扣税凭证;第三联为发票联,是购买方记账凭证。其他联次用途,由纳税人自行确定。纳税人办理产权过户手续需要使用发票的,可以使用增值税专用发票第六联。

3.1.2 增值税普通发票

(1) 增值税普通发票(折叠票)。增值税普通发票(折叠票)由基本联次或者基本联次附加其他联次构成,分为两联版和五联版两种。基本联次为两联:第一联为记账联,是销售方记账凭证;第二联为发票联,是购买方记账凭证。其他联次用途,由纳税人自行确定。纳税人办理产权过户手续需要使用发票的,可以使用增值税普通发票第三联。如图3-1所示。

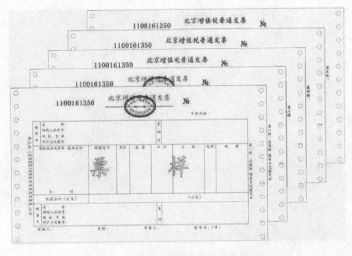

图3-1 增值税普通发票(折叠票)

（2）增值税普通发票（卷票）。增值税普通发票（卷票）分为两种规格：57毫米×177.8毫米、76毫米×177.8毫米，均为单联。如图3-2所示。

76毫米×177.8毫米　　　　57毫米×177.8毫米

图3-2　增值税普通发票（卷票）

自2017年7月1日起，纳税人可按照《中华人民共和国发票管理办法》及其实施细则要求，书面向税务机关要求使用印有本单位名称的增值税普通发票（卷票），税务机关按规定确认印有该单位名称发票的种类和数量。纳税人通过税控发票开票系统开具印有本单位名称的增值税普通发票（卷票）。印有本单位名称的增值税普通发票（卷票），由税务总局统一招标采购的增值税普通发票（卷票）中标厂商印制，其式样、规格、联次和防伪措施等与原有增值税普通发票（卷票）一致，并加印企业发票专用章。使用印有本单位名称的增值税普通发票（卷票）的企业，按照《国家税务总局财政部关于冠名发票印制费结算问题的通知》（税总发〔2013〕53号）规定，与发票印制企业直接结算印制费用。

（3）增值税电子普通发票。增值税电子普通发票的开票方和受票方需要纸质发票的，可以自行打印增值税电子普通发票的版式文件，其法律效力、基本用途、基本使用规定等与税务机关监制的增值税普通发票相同。如图3-3所示。

图3-3 增值税电子普通发票

3.1.3 机动车销售统一发票

从事机动车零售业务的单位和个人,在销售机动车(不包括销售旧机动车)收取款项时,开具机动车销售统一发票。机动车销售统一发票为电脑六联式发票:第一联为发票联,是购货单位付款凭证;第二联为抵扣联,是购货单位扣税凭证;第三联为报税联,车购税征收单位留存;第四联为注册登记联,车辆登记单位留存;第五联为记账联,销货单位记账凭证;第六联为存根联,销货单位留存。如图3-4所示。

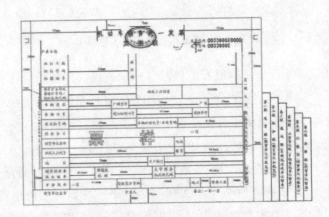

图3-4 机动车销售统一发票

3.1.4 二手车销售统一发票

自2018年4月1日起,二手车交易市场、二手车经销企业、经纪机构和拍卖企业应当通过增值税发票管理税控发票开票系统开具二手车销售统一发票。

二手车销售统一发票"车价合计"栏次仅注明车辆价款。二手车交易市场、二手车经销企业、经纪机构和拍卖企业在办理过户手续过程中收取的其他费用，应当单独开具增值税发票。

3.2 开具发票基本规定

3.2.1 开票系统的使用

1. 谁可以开票

（1）增值税一般纳税人。增值税一般纳税人销售货物、提供加工修理修配劳务和发生应税行为，使用税控发票开票系统开具增值税专用发票、增值税普通发票、机动车销售统一发票、二手车销售统一发票、增值税电子普通发票。

（2）小规模纳税人。纳入税控发票开票系统推行范围的小规模纳税人，使用税控发票开票系统开具增值税普通发票、机动车销售统一发票、二手车销售统一发票、增值税电子普通发票。

纳入增值税小规模纳税人自开增值税专用发票试点的小规模纳税人需要开具增值税专用发票的，可以通过税控发票开票系统自行开具，主管税务机关不再为其代开。纳入增值税小规模纳税人自开增值税专用发票试点的小规模纳税人销售其取得的不动产，需要开具增值税专用发票的，须向税务机关申请代开。

2. 开票系统的使用要求

（1）税务总局编写了《商品和服务税收分类与编码（试行）》，并在税控发票开票系统中增加了商品和服务税收分类与编码相关功能。使用税控发票开票系统的增值税纳税人，应使用税控发票开票系统选择相应的商品和服务税收分类与编码开具增值税发票。

自2018年1月1日起，纳税人通过增值税发票管理税控发票开票系统开具增值税发票时，商品和服务税收分类编码对应的简称会自动显示并打印在发票票面"货物或应税劳务、服务名称"或"项目"栏次中。

（2）纳税人应在互联网连接状态下在线使用税控发票开票系统开具增值税发票，税控发票开票系统可自动上传已开具的发票明细数据。

纳税人因网络故障等原因无法在线开票的，在税务机关设定的离线开票时限和离线开具发票总金额范围内仍可开票，超限将无法开具发票。纳税人开具发票次月仍未连通网络上传已开具发票明细数据的，也将无法开具发票。纳税人需连通网络上传发票数据后方可开票，若仍无法连通网络的需携带专用设备到税务机关进行征期报税或非征期报税后方可开票。

纳税人已开具未上传的增值税发票为离线发票。离线开票时限是指自第一份离线发票开具时间起开始计算可离线开具的最长时限。离线开票总金额是指可开具离线发票的累计不含税总金额，离线开票总金额按不同票种分别计算。

纳税人离线开票时限和离线开票总金额的设定标准及方法由各省、自治区、直辖市和计划单列市国家税务局确定。

按照有关规定不使用网络办税或不具备网络条件的特定纳税人，以离线方式开具发票，不受离线开票时限和离线开具发票总金额限制。

3.2.2 开具增值税发票的要求

（1）发票内容应按照实际销售情况如实开具。销售商品、提供服务以及从事其他经营活动的单位和个人，对外发生经营业务收取款项，收款方应当向付款方开具发票；特殊情况下，由付款方向收款方开具发票。

销售方开具增值税发票时，发票内容应按照实际销售情况如实开具，不得根据购买方要求填开与实际交易不符的内容。销售方开具发票时，通过销售平台系统与增值税发票税控系统后台对接，导入相关信息开票的，系统导入的开票数据内容应与实际交易相符，如不相符应及时修改完善销售平台系统。

所有单位和从事生产、经营活动的个人在购买商品、接受服务以及从事其他经营活动支付款项，应当向收款方取得发票。取得发票时，不得要求变更品名和金额。

> **特别提示**
>
> 任何单位和个人不得有下列虚开发票行为。
> （1）为他人、为自己开具与实际经营业务情况不符的发票。
> （2）让他人为自己开具与实际经营业务情况不符的发票。
> （3）介绍他人开具与实际经营业务情况不符的发票。
> 不符合规定的发票，不得作为税收凭证用于办理涉税业务，如计税、退税、抵免等。

（2）要向销售方提供相关开票资料。增值税纳税人购买货物、劳务、服务、无形资产或不动产，索取增值税专用发票时，须向销售方提供购买方名称（不得为自然人）、纳税人识别号或统一社会信用代码、地址电话、开户行及账号信息，不需要提供营业执照、税务登记证、组织机构代码证、开户许可证、增值税一般纳税人资格登记表等相关证件或其他证明材料。

自2017年7月1日起，购买方为企业（包括公司、非公司制企业法人、企业分支机构、个人独资企业、合伙企业和其他企业）的，索取增值税普通发票时，应向销售方提供纳税人识别号或统一社会信用代码；销售方为其开具增值税普通发票时，应在"购买方纳税人识别号"栏填写购买方的纳税人识别号或统一社会信用代码。

（3）开票的时机。纳税人应在发生增值税纳税义务时开具发票。

（4）开票要求。单位和个人在开具发票时，必须做到按照号码顺序填开，填写项目齐全，内容真实，字迹清楚，全部联次一次打印，内容完全一致，并在发票联和抵扣联加盖发票专用章。

开具发票应当使用中文。民族自治地方可以同时使用当地通用的一种民族文字。

> **特别提示**
>
> 增值税专用发票应按下列要求开具。
> （1）项目齐全，与实际交易相符。
> （2）字迹清楚，不得压线、错格。
> （3）发票联和抵扣联加盖发票专用章。
> （4）按照增值税纳税义务的发生时间开具。
> 不符合上列要求的增值税专用发票，购买方有权拒收。

一般纳税人销售货物、提供加工修理修配劳务和发生应税行为可汇总开具增值税专用发票。汇总开具增值税专用发票的，同时使用税控发票开票系统开具《销售货物或者提供应税劳务清单》，并加盖发票专用章。

（5）不得开具增值税专用发票的情形。属于图3-5所列情形之一的，不得开具增值税专用发票。

情形一　向消费者个人销售货物、提供应税劳务或者发生应税行为的

情形二　销售货物、提供应税劳务或者发生应税行为适用增值税免税规定的，法律、法规及国家税务总局另有规定的除外

情形三　部分适用增值税简易征收政策规定的：
（1）增值税一般纳税人的单采血浆站销售非临床用人体血液选择简易计税的
（2）纳税人销售旧货，按简易办法依3%征收率减按2%征收增值税的
（3）纳税人销售自己使用过的固定资产，适用按简易办法依3%征收率减按2%征收增值税政策的
纳税人销售自己使用过的固定资产，适用简易办法依照3%征收率减按2%征收增值税政策的，可以放弃减税，按照简易办法依照3%征收率缴纳增值税，并可以开具增值税专用发票

情形四　法律、法规及国家税务总局规定的其他情形

图3-5　不得开具增值税专用发票的情形

特别提示

增值税发票开具注意事项：
2017年7月1日起，开具增值税发票时需注意以下事项。
（1）必须填写购买方"纳税人识别号"。
（2）发票内容必须按照实际销售情况如实开具。
（3）不能根据购买方要求填开与实际交易不符的内容。
（4）不能笼统开具办公用品、食品等名称的发票。
（5）开具汇总办公用品、食品等发票，必须附上税控系统开出的《销售货物或者提供应税劳务清单》，并加盖发票专用章。
（6）7月1日起开具培训会议清单，必须由酒店系统或销售系统开具，并加盖发票专用章，不再接受系统外开具的清单。

3.2.3 关于发票作废

出纳在开具增值税专用发票当月,发生销货退回、开票有误等情形,收到退回的发票联、抵扣联符合作废条件的,按作废处理;开具时发现有误的,可即时作废。

作废增值税专用发票须在税控发票开票系统中将相应的数据电文按"作废"处理,在纸质增值税专用发票(含未打印的增值税专用发票)各联次上注明"作废"字样,全联次留存。

图3-6所示为发票的作废条件。

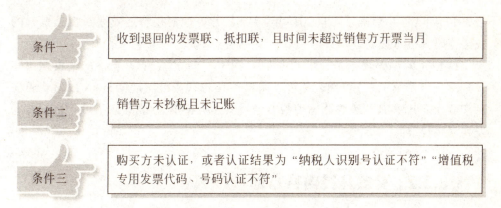

图3-6 发票的作废条件

3.3 发票的审查

发票管理越来越严格,企业收到假发票会怎么样?被处罚、交滞纳金、补缴税款,金额巨大情节严重的还要追究法律责任!所以,出纳在收到发票时,一定要先审查真实性。

3.3.1 发票样式方面

(1)审核发票是否套印税务部门监制章。

（2）审核发票代码是否为12位阿拉伯数字，发票号码是否为8位阿拉伯数字。

发票是属地管理，即企业在哪里纳税，就使用哪里的发票。发票号码和代码是发票的序号，两者加在一起，能够确保这张发票在全国的唯一性。发票的这种规律也包括驻当地的中央及省属企业。另外，假发票会套用真发票代码，查询时可以同时提供代码与号码，因为即使代码相同，号码不一定相同，或号码相同代码不一定相同，特别是金额较大的发票一定要核实。如果你去修车给你一个宾馆等服务业的发票加盖修理业的公章就是他出去随意要的或者自己买的假发票。如果你使用假发票，根据票据使用规定，得接受处罚；性质严重涉嫌利用假发票犯罪的就触犯刑律了。

《国家税务总局关于增值税普通发票管理有关事项的公告》（国家税务总局公告2017年44号）明确了，自2018年1月1日起，增值税普通发票（折叠票）的发票代码调整为12位。

这12位的编码规则是：第1位为0，第3～5位代表省、自治区、直辖市和计划单列市，第6～7位代表年度，第8～10位代表批次，第11～12位代表票种和联次，其中04代表二联增值税普通发票（折叠票）、05代表五联增值税普通发票（折叠票）。

3.3.2 发票开具内容方面

（1）审核发票开具的字迹和加盖的印章。重点审核字迹和单位发票专用章是否清楚，易于辨认。另外发票表面应干净整洁，并且内容不得涂改，如果填错涂改，应重新予以退换。

（2）审核发票开具的付款单位是否为公司全称。2004年8月31日后，对付款单位的开具有了更加严格的要求：必须如实填开付款单位全称，不得以简称或其他文字、符号等代替付款单位全称。

（3）审核发票填开项目是否齐全。商品名称、规格、单位、数量、单价、金额、填开日期是否都填开齐全，如果商品种类多，在发票上无法一一列示，应附开票单位盖章确认的明细清单。

需要注意的是，在审核定额发票时，必须重点审核是否准确填开日期，是否存在不开日期的情况。

（4）审核发票填开内容是否真实

① 审核发票填开内容与发票类型及所盖印章的合理性。比如，取得一张"××市服务业、娱乐业、文化体育业专用发票"，开具内容为修理费、办公用

品，但发票上加盖的是××市××餐馆服务有限责任公司财务专用章，明显此开票内容与开票单位的经营业务是不相关的，我们可以认为这张发票是不可以报销的。再比如：汽车修理厂的修理修配业务就应开具国税机关管理的修理修配业增值税专用发票而不应开具商品零售发票。

广告公司的广告费就应开具地税部门监制的服务业广告发票而不应开具工业或商业销售发票。

② 审核发票填开内容与所附附件的合理性。发票填开的内容不同，所附的附件自然也要求不同。如表3-1所示。

表3-1 发票填开内容与所附附件

序号	填开内容	审核要点
1	填开内容为"会议费"时	审核是否有相关会议费证明材料。一般来说，大额会议费证明材料应包括：会议通知、会议时间、地点、出席人员、内容、目的、费用标准等
2	填开内容为"办公用品"或"食品"时	审核是否后附销售方提供的明细清单，并追查购置（采购）后是否按规定办理入库验收和领用手续
3	填开内容为"咨询费""顾问费""场租费"等服务费用时	审核是否后附相关的合同
4	填开内容为"礼品"时	业务经办部门应事前和财务部门沟通相应处理办法。应尽可能少开礼品费用，以避免个人所得税风险
5	支付对象为个人"劳务费"和"利息费用"时	取得发票时应附个人所得税完税凭证

③ 审核发票是否一次性套写，是否存在"大头小尾"的情况。

④ 审核发票是否存在连号开具，以达到发票金额"化整为零"的目的。

> **特别提示**
>
> 以下7种发票不能报销。
>
> （1）收到一张增值税发票，只有购买方单位名称，没有纳税人识别号。
>
> （2）收到一张卷式增值税发票。品名：办公用品，没有具体明细。
>
> （3）收到一张增值税发票。品名：办公用品，有清单，但是清单不是从开票系统打印出来的，而是销售方自行用A4纸制作了一份。
>
> （4）收到一份培训会议报销单。有培训会议清单，但是清单不是从酒店系统打印出来的，而是会议承办方自行用A4纸制作了一份。

（5）去超市购物时，发票实际采购内容是月饼、水果等，但去服务中心开发票时，将发票内容开具为办公用品等。（改变商品名称开票）

（6）向甲方购物，通过甲方介绍或同意甲方的安排，接受乙方开具发票。（接受第三方开发票）

（7）没有购物，直接虚开发票。（完全虚开发票）

3.3.3 假发票的鉴定

假发票的表现形式主要分为以下几种：发票是假的，内容也是假的；发票是假的，但内容是真的；发票是真的，但内容是假的；

不规范发票：指以内部票据代替发票，甚至是使用白条代替发票。

（1）人工识别方法

——从发票监制章及发票专用章识别；

——从发票号码（及二维码）识别；

——从发票防伪专用纸上识别；

——看发票有无温变功能；

——采用荧光照射的方法识别；

——通过扫描发票上的二维码查验的结果显示来识别。

（2）运用网络查询。"国家税务总局全国增值税发票查验平台"可以及时查询收到的增值税发票的基本信息，可以查询的范围为：增值税专用发票、增值税普通发票（含电子普通发票、卷式发票、通行费发票）、机动车销售统一发票、货物运输业增值税专用发票、二手车销售统一发票。

全国36个省市发票查询官方地址如表3-2所示。

表3-2　全国36个省市发票查询官方地址

序号	省市国税	发票查询地址
1	安徽国税	http://60.174.203.213:8180/invoiceQuery/
2	北京国税	发票查询： http://www.bjtax.gov.cn/ptfp/fpindex.jsp 电子发票查询： http://www.e-inv.cn/eiquery/toquery 发票明细抄报结果查询： http://www.bjsat.gov.cn/WSBST/qd/fpcbcxjsp/search.jsp

续表

序号	省市国税	发票查询地址
3	重庆国税	http://218.70.65.72:5000/PortalWeb/pages/sscx/cx_fplx.html
4	大连国税	http://124.93.228.131/wsfw/index/sscxindex.jsp
5	福建国税	http://wssw.fj-n-tax.gov.cn/etax/135/sscx/fpcy.jsp
6	甘肃国税	http://61.178.20.153:81/BsfwtWeb/pages/cx/cxtj_fpxxcx.html
7	广东国税	http://www.gd-n-tax.gov.cn/pub/gdgsww/bsfw/sscx/fpcy/
8	广西国税	http://www.gxgs.gov.cn/col/col123081/index.html http://www.gxgs.gov.cn:9600/fpcxweb/fpcxPage.action
9	贵州国税	http://etax.gzgs12366.gov.cn:8080/TaxInquiry/Invoice
10	海南国税	http://www.hitax.gov.cn/bsfw_1_14/
11	河北国税	http://dzfp.he-n-tax.gov.cn/dzfpFpywQuery.do
12	河南国税	http://www.12366.ha.cn/003/bsfw_302/sscx_30202/index.html?NVG=2&LM_ID=30202
13	黑龙江国税	http://221.212.153.203/fpcx/loginnew.html
14	湖北国税	https://swcx.hb-n-tax.gov.cn:7013/
15	湖南国税	http://fpbw.hntax.gov.cn/fpbw/pc/fplxView
16	吉林国税	http://www.jl-n-tax.gov.cn/col/col2762/index.html
17	江苏国税	https://inv-veri.chinatax.gov.cn/（专票） http://etax.jsgs.gov.cn:9999/mobile-invoice/fpcy.action?sign=bill_check（普票）
18	江西国税	http://117.40.128.134:7002/fpcx/
19	辽宁国税	http://218.25.58.87:7006/wlfpcy/wlfp/fpcy_gz/index.jsp
20	内蒙古国税	http://www.nm-n-tax.gov.cn:8000/fpcx/nmgsfpcx/wlfpcybd_lscx.jsp
21	宁夏国税	http://61.133.192.35:8006/fpcx/fpcx.jsp
22	宁波国税	http://www.nb-n-tax.gov.cn/bsfw/sscx/fpxxcx/
23	青海国税	http://www.qh-n-tax.gov.cn/qinghaiguoshui/bsfw/_300826/index.html
24	青岛国税	https://sst.qd-n-tax.gov.cn/dzswj/showChooseMenu.do
25	山东国税	http://www.sd-n-tax.gov.cn/col/col44302/index.html
26	山西国税	http://202.99.207.241:7005/fpcx/

续表

序号	省市国税	发票查询地址
27	陕西国税	http://etax.sn-n-tax.gov.cn/sxgs-fpdj-front/main/fpcx_ce
28	上海国税	https://inv-veri.chinatax.gov.cn/
29	四川国税	http://www.sc-n-tax.gov.cn/TaxWeb/template.go?_template=4539
30	深圳国税	http://www.szgs.gov.cn/col/col5/index.html
31	天津国税	http://fpxxbd.tjsat.gov.cn:8001/fpxxbd/
32	西藏国税	http://www.xztax.gov.cn:8881/
33	新疆国税	http://www.xj-n-tax.gov.cn/zxbs/sscx/fpzwch/
34	厦门国税	http://www.xm-n-tax.gov.cn/shshxxchx/fpzhwjlxchx/
35	云南国税	http://www.yngs.gov.cn/newWeb/template/bsfw.jsp
36	浙江国税	http://www.zjtax.gov.cn/fpcx/include2/index.html

出纳在查询时要注意以下几点。

①同一次消费的几张相同面值的发票存在部分为真票，但另外一部分是假票的可能，同时也存在同一面值的是真票，但另一面值的却是假票的可能。因此不能够通过查询部分为真票就断定其他发票都为真票。

② 有些发票号码虽然通过网络或电话可以查询发票号码存在，但领用单位可能与开票单位不一致，这是违法企业套用真发票号码仿制的虚假发票，因此一定要核实发票领购人是否与盖章单位一致。

特别提示

取得发票后如发现发票上加盖的发票专用章与该经营场所名称不符、发票种类与所开具的业务内容不符，务必应当场要求更换或拨打12366举报。

3.4 收据

收据是一种收付款凭证，它有种类之分。至于能否入账，则要看收据的种类及使用范围。收据与我们日常所说的"白条"不能画等号。

3.4.1　收据的分类

收据可以分为内部收据和外部收据。

（1）内部收据。内部收据是单位内部的自制凭据，用于单位内部发生的业务，如收取员工押金、退还多余出差借款等，这时的内部自制收据是合法的凭据，可以作为资金收付入账。

（2）外部收据。外部收据又分为税务部门监制、财政部门监制、部队收据三种。单位之间发生业务往来，收款方在收款以后不需要纳税的，收款方就可以开具税务部门监制的收据。行政事业单位发生的行政事业性收费，可以使用财政部门监制的收据（比较多见）。单位与部队之间发生业务往来，按照规定不需要纳税的，可以使用部队监制的收据，这种收据也是合法的凭据，可以入账。

除上述几种收据外，单位或个人在收付款时使用的其他自制收据，就是日常所说的"白条"，是不能作为凭证入账的。

3.4.2　发票与收据的区别

发票与收据两者有本质区别，不同经济内容的业务应收取或开具不同的发票或收据。发票的威严远远大于收据，发票所收支的款项可以作为成本、费用税前列支，而大部分收据都不能作为成本、费用税前列支，只有少部分收据能够作为成本、费用税前列支。

我们通常列支的成本、费用主要是指财政部门印制的盖有财政票据监制章的收据用于行政事业性收入，即非应税业务，如行政收费、罚没款等。一般来说，这些收入要纳入财政预算范围内。收据通常有行政非税收入收据、行政事业收费收据、教育收费收据、行政事业往来收据等。

（注意：必须盖有财政监制章的收据方可入账！）

3.4.3　收据的审核

出纳在审核收据（含行政事业性收费收据）时应注意以下几点。

（1）看是否盖有财政部门或税务部门监制章。军队的收据一般接触不到。

（2）看是否列支经营性收入。

如果行政事业性收费收据开具内容是租赁费、销售收入等经营性业务收入，即使是事业性单位，也不能合法列支。正确的是应开具正规发票。

第4章

填制凭证的技能

4.1 与出纳有关的凭证

4.2 凭证填写的数字书写要求

4.3 填制凭证的基本技能

4.4 记账凭证的填制

4.1 与出纳有关的凭证

出纳填制的主要是各种货币收支原始凭证,如开出的发票或收据,填写的支票等票据。

4.1.1 出纳的原始凭证

主要是出纳收入现金和支出现金的会计凭证。

外来原始凭证——是从外单位进来的原始凭证。比如购货发票。

自制原始凭证——是本单位人员填制的。比如差旅费报销单、医药费报销单。

4.1.2 出纳的记账凭证

出纳的记账凭证主要是根据现金收付业务的原始凭证编制的记账凭证。

收款凭证,是指用于记录库存现金和银行存款收款业务的记账凭证,收款凭证根据有关库存现金和银行存款收入业务的原始凭证填制,是登记库存现金日记账、银行存款日记账以及有关明细分类账和总分类账等账簿的依据,也是出纳人员收讫款项的依据。

4.2 凭证填写的数字书写要求

4.2.1 会计数码字的标准写法

(1)每个数字要大小匀称,笔画流畅;每个数码有形,使人一目了然,不能连笔书写。

(2)书写排列有序且字体要自右上方向左下方倾斜着写(数字与底线通常呈60度的倾斜),如图4-1所示。

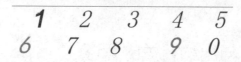

图4-1 会计数码写法

（3）书写的每个数字要贴紧底线，但上不可顶格。一般每个格内数字占1/2或2/3的位置，要为更正数字留有余地。如图4-2所示。

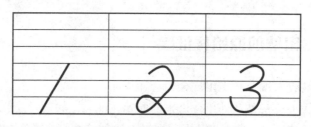

图4-2 数字书写示例

（4）会计数码书写时，应从左至右，笔画顺序是自上而下，先左后右，防止写倒笔字。

（5）同行的相邻数字之间要空出半个数字的位置，但也不可预留间隔（以不能增加数字为好）。

（6）除"4""5"以外数字，必须一笔写成，不能人为地增加数字的笔画。

（7）"6"字要比一般数字向右上方长出1/4，"7"和"9"字要向左下方（过底线）长出1/4。如图4-3所示。

图4-3 数字书写示例

（8）对于易混淆且笔顺相近的数字，在书写时，尽可能地按标准字体书写，区分笔顺，避免混同，以防涂改。

① "1"不能写短，且要合乎斜度要求，防止改为"4""6""7""9"；书写"6"字时可适当扩大其字体，使起笔上伸到数码格的1/4处，下圆要明显，以防改为"8"。

② "7""9"两字的落笔可下伸到底线外，约占下格的1/4位置。

③ "6""8""9""0"都必须把圆圈笔画写顺，并一定要封口。

④ "2" "3" "5" "8" 应各自成体,避免混同。如图4-4所示。

图4-4　阿拉伯数字手写体字样

（9）左右位置适当。要求每个数字的中部大体位于格距的1/2的两条对角线交点上,不宜过于靠左或者靠右。如图4-5所示。

图4-5　数字书写示例

> **特别提示**
>
> 　　数码字书写时要在符合书写规范的前提下,保持本人的独特字体和特色习惯,使别人难以模仿或涂改。

4.2.2　数码金额的书写

一般要求数码金额书写到分位为止,元位以下保留角、分两位小数,对分以下的厘、毫、丝、息采用四舍五入的方法。但少数情况下,如计算百分率、折旧率、加权平均单价、单位成本及分配率等,也可以采用多位小数,以达到计算比较准确的目的。

数码金额的书写细节要求如下。

（1）印有数位线（金额线）的数码字书写。一般来说,凭证和账簿已印好数位线,必须逐格顺序书写,"角""分"栏金额齐全。如果"角""分"栏无金额,应该以"0"补位,也可在格子的中间划一短横线代替。如果金额有角无分,则应在分位上补写"0",不能用"—"代替。如图4-6所示。

错误书写 收入金额								正确书写 收入金额						
十	万	千	百	十	元	角	分	十	万	千	百	十	元	角	分
		3	6	7	8					3	6	7	8	0	0
				5	7	1					3	6	7	8	—
				5	7	1	—					5	7	1	0

图4-6 数字书写正、误示例

(2) 没有数位线(金额线)的数码字书写

① 如果没有角分,仍应在元位后的小数点"."后补写"00"或划一短横线,如图4-7所示。

¥68153.00　　¥735689.—

图4-7 数码字书写

② 如果金额有角无分,则应在分位上补写"0",如图4-8所示。

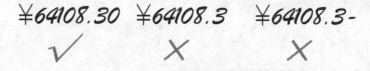

图4-8 数码书写正、误示例

(3) 合理运用货币币种符号

① 阿拉伯数字金额前面应当书写货币币种符号或者货币名称简写和币种符号。币种符号与阿拉伯数字金额之间不得留有空白。如图4-9所示。

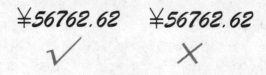

图4-9 数码字书写正、误示例

② 凡阿拉伯数字前写有币种符号的，数字后面不再写货币单位。印有"人民币"三个字不可再写"￥"符号，但在金额末尾应加写"元"字。如图4-10所示。

￥1050.50元　✗
人民币￥1050.50元　✗
人民币1050.50元　✓

图4-10　数码字书写正、误示例

4.2.3　中文大写金额数字的书写要求

中文大写数字主要用于支票、传票、数据、发票等重要票据，中文大写数字庄重、笔画繁多，可防篡改，有利于避免混淆和经济损失。中文大写是由数字和数位两部分组成，两者缺一不可。数字包括零、壹、贰、叁、肆、伍、陆、柒、捌、玖；数位包括拾、佰、仟、万、亿、兆、圆（元）、角、分等。数字和数位一定要规范字，切不可自造字，以防篡改。一律用正楷或行书体书写，不得用简化字代替。

（1）标明货币名称。中文大写金额数字前应标明"人民币"等字样，且其与首个金额数字之间不留空白，数字之间更不能留空白，写数与读数顺序要求一致。如果未印货币名称（一般是"人民币"），应当加填货币名称。如图4-11所示。

图4-11　中文大写金额数字正误示例

（2）规范书写。中文大写数字金额一律用正楷或行书书写。如图4-12所示。

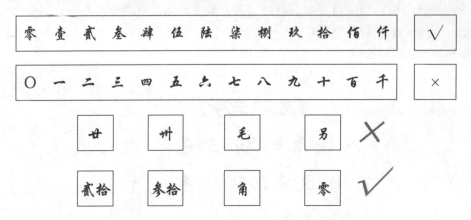

图4-12 中文大写数字金额正误示例

(3) 正确运用"整"或"正"

① 中文大写金额数字到"元"为止的,应当写"整"或"正"字。如图4-13所示。

¥386.00 → 人民币叁佰捌拾陆元整

图4-13 中文大写金额数字示例

② 中文大写金额到"角"为止,可以在"角"之后写"整"或"正",也可以不写。如图4-14所示。

¥683.60 → 人民币陆佰捌拾叁元陆角

图4-14 中文大写金额数字示例

③ 中文大写金额数字有分位的,分后不写"整"或"正"字。如图4-15所示。

¥863.68 → 人民币捌佰陆拾叁元陆角捌分

图4-15 中文大写金额数字示例

(4) 正确写"零"

① 中文数码(阿拉伯)金额数字中间连续有几个"0"时,中文大写金额数字中间可以只写一个"零"字。如图4-16所示。

图4-16 中文大写金额数字示例

② 数码（阿拉伯）金额数字万位或元位是"0"，或万位、元位是"0"但千位、角位不是"0"时，中文大写金额数字可以只写一个"零"字，也可以不写"零"字。如图4-17所示。

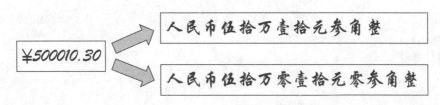

图4-17 中文大写金额数字示例

③ 表示数位的文字（拾、佰、仟、万、亿）前必须有数字。如图4-18、图4-19所示。

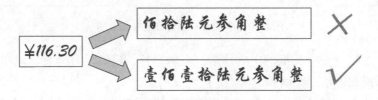

图4-18 中文大写金额数字示例

数码金额	错误写法	正确写法
￥2000.00	人民币：贰仟元整	人民币贰仟元整
￥104000.00	人民币拾万零肆仟元整	人民币壹拾万零肆仟元整
￥6085000.00	人民币陆仟万零捌万伍仟元整	人民币陆仟零捌万伍仟元整
￥970000.54	人民币玖佰柒拾万零伍角肆分	人民币玖佰柒拾万元零伍角肆分

图4-19 中文大写金额数字示例

4.2.4 中文大写票据日期的书写要求

票据的出票日期必须使用中文大写，示例如图4-20所示。

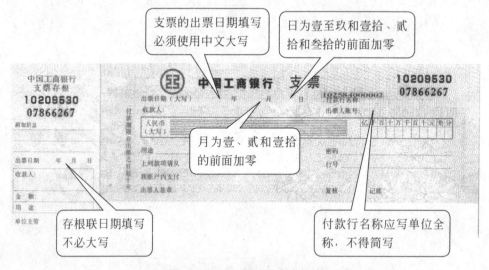

图4-20 中文大写票据日期书写示例

（1）为防止变造票据的出票日期，在填写月、日时，月为壹、贰和壹拾的，日为壹至玖和壹拾、贰拾和叁拾的，应在其前加"零"。

日为拾壹至拾玖的，应在其前加"壹"。如3月15日，应写成零叁月壹拾伍日。再如10月20日，应写成零壹拾月零贰拾日。票据出票日期使用小写填写的，银行不予受理。如图4-21所示。

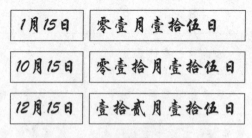

图4-21 中文大写票据日期书写示例

（2）票据和结算凭证金额以中文大写和数码同时记载的，二者必须一致，否则票据无效，银行不予受理。

中文大写数字用于填写需要防止涂改的销货发票、银行结算凭证、收据等，因此，在书写时不能写错。一旦出现错误或漏写，必须重新填写，写错的凭证随即注销作废，但不要随便丢弃，应当妥善保管。票据和结算凭证上金额、出票或者签发日期、收款人名称不得更改，更改的票据一律无效。

4.3 填制凭证的基本技能

4.3.1 内容要全面

原始凭证的内容必须具备：凭证的名称；填制凭证的日期；填制凭证单位名称或填制人姓名；经办人员的签名或者盖章；接受凭证单位名称；经济业务内容；数量、单价和金额。

4.3.2 须签名或盖章

自制原始凭证必须有经办单位领导人或者其指定的人员签名或盖章。对外开出的原始凭证，必须加盖本单位公章或财务专用章。

4.3.3 大、小写金额须相符

凡填有大、小写金额的原始凭证，大写与小写金额必须相符，其书写按前述技能要求进行。

4.3.4 要与实物相符

购买实物的原始凭证，必须有验收证明，支付款项的原始凭证，必须有收款单位和收款人的收款证明。

4.3.5 联次要注明用途

一式几联的原始凭证，应当注明各联的用途，只能以一联作为报销凭证。一式几联的发票和收据，必须用双面复写纸（发票和收据本身具备复写纸功能的除外）套写，并连续编号。作废时应当加盖"作废"戳记，连同存根一起保存，不得撕毁。

4.3.6 不得涂改、挖补

各种凭证填写时不得涂改、挖补，也不能用涂改液或修正液改正。若发现有误时，一般应重新填制；若可更正，应按规定方法进行，并在更正处由相关方签章。

4.4 记账凭证的填制

在记账之前，出纳必须先填制记账凭证。

记账凭证是根据原始凭证或原始凭证汇总表填制，记载经济业务简要内容，确定会计分录，作为记账依据的会计凭证。记账凭证按其反映的经济内容不同，可分为收款凭证、付款凭证和转账凭证。如图4-22所示。

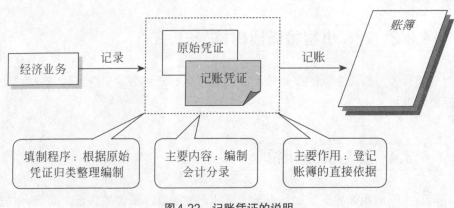

图4-22 记账凭证的说明

4.4.1 记账凭证的内容

记账凭证必须具备以下内容。

(1) 填制单位的名称。
(2) 记账凭证的名称。
(3) 记账凭证的编号。
(4) 编制凭证的日期。
(5) 经济业务的内容摘要。
(6) 会计科目(包括一级、二级和三级明细科目)的名称、金额。
(7) 所附原始凭证的张数。
(8) 填证、审核、记账、会计主管等有关人员的签章,收款凭证和付款凭证还应由出纳员签名或盖章。

记账凭证的填写说明如图4-23所示。

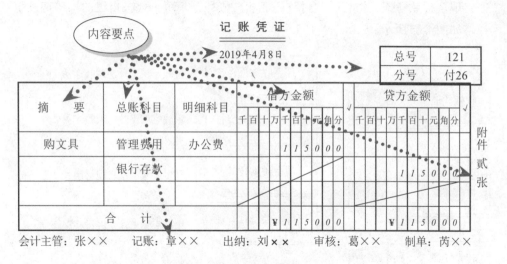

图4-23 记账凭证的填写说明

4.4.2 记账凭证的编号

(1) 分号。如果企业用的是普通记账凭证,按日期顺序连续编号;如果企业用的是特种记账凭证,可以采用下面三种方法编号。

① 如果凭证数量较少,可以不分种类,按日期顺序编号。

② 如果凭证数量较多,可以分成三类,即收款凭证、付款凭证、转账凭证,每一类按自己的顺序连续编号。如图4-24所示。

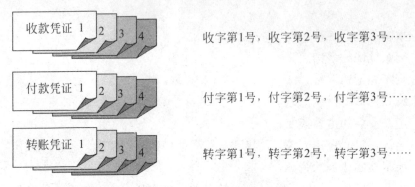

图4-24 三种凭证三种编号

③ 如果凭证数量非常多，可以分五类，即现金收款凭证、银行存款收款凭证、现金付款凭证、银行存款付款凭证和转账凭证，每一类按自己的顺序连续编号。如图4-25所示。

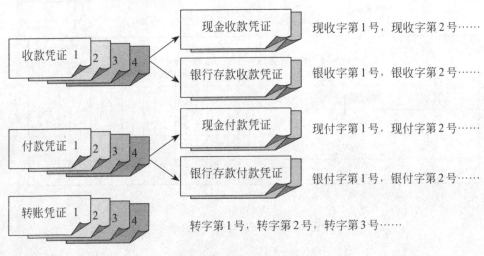

图4-25 三种凭证五种编号

（2）总号。按照业务的先后顺序，将所有业务统一排号。实务中，一般由复核人员统一编号。

实例4-1

1月份结束的记账凭证号码为：银收004、银付013、现收001、现付003、转017，那么4+13+1+3+17=38，则1月份的总号到了038，则2月份总号的起始号为039。如下图所示。

业务1			业务2			业务3		
现金付款凭证			银行存款付款凭证			转账凭证		
总 号		039	总 号		040	总 号		041
分 号		004	分 号		014	分 号		018

业务4			业务5			业务6		
现金付款凭证			银行存款收款凭证			银行存款收款凭证		
总 号		042	总 号		043	总 号		044
分 号		005	分 号		005	分 号		006

业务7			业务8			业务9		
现金收款凭证			银行存款收款凭证			转账凭证		
总 号		045	总 号		046	总 号		047
分 号		002	分 号		007	分 号		019

2月份凭证编号示例

4.4.3 记账凭证的填写要求

出纳员填制记账凭证要严格按照规定的格式和内容进行，除必须做到记录真实、内容完整、填制及时、书写清楚之外，还必须符合下列要求。

（1）要以审核无误的原始凭证为依据。记账凭证必须附有经审核确认为真实、完整和合法的原始凭证为依据。除结账和更正错账的记账凭证可以不附原始凭证外，其他记账凭证必须附有原始凭证。

（2）正确填制会计分录。填写会计科目时，应当填写会计科目的全称，不得简写。出纳一般只涉及收付款凭证，不涉及转账凭证。

① 收款凭证的填制方法。收款凭证根据有关现金、银行存款收款业务的原始凭证填制。收款凭证左上角的"借方科目"按收款的性质填写"库存现金"或"银行存款"。

实例 4-2

2019年2月10日，接银行收款通知，收到投资单位投入资金8 000元，存入银行存款户（假定为本月第二笔银收业务，只有一张原始凭证）。

发生上述业务后，会计根据审核无误的原始凭证填制银行存款收款凭证，其内容与格式如下表所示。

收 款 凭 证

借方科目：银行存款　　　　　2019年2月10日　　　　　凭证编号：银收3

摘　要	贷方科目	明细科目	√	金　额								
				千	百	十	万	千	百	十	元	角	分
收到投入资金	实收资本							8	0	0	0	0	0
合　　　　计							¥	8	0	0	0	0	0

附件 壹 张

会计主管：　　　记账：　　　审核：　　　出纳：　　　制单：刘××

② 付款凭证的填制方法。付款凭证根据有关现金、银行存款付款业务的原始凭证填制。付款凭证的填制方法与收款凭证基本相同，只是左上角由"借方科目"换为"贷方科目"，凭证中间的"贷方科目"换为"借方科目"。

 实例 4-3

2019年2月8日，购入材料一批，买价38 000元，用银行存款支付购料款（假定为本月第三笔银付业务，共有3张原始凭证）。

发生上述业务后，会计根据审核无误的原始凭证填制银行存款付款凭证，其内容与格式如下表所示。

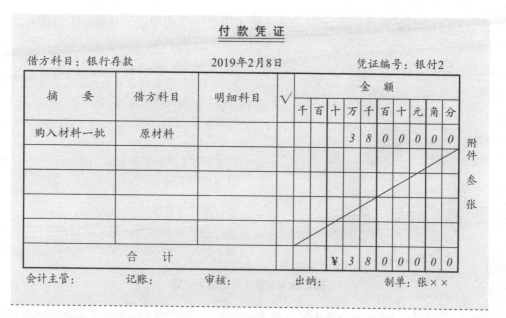

注意事项：对于现金和银行存款之间的存取（相互划转）业务，为避免重复记账，应统一按减少方填制付款凭证，而不填制收款凭证。

 实例4-4 ▶▶▶

如：从银行提取现金16 000元备用。

借：库存现金　　　　　　　　　　　　　　　　16 000
　　贷：银行存款　　　　　　　　　　　　　　　　　　　16 000

这一业务应填制银付凭证，而不必填制现收凭证。

如：将现金40 000元存入银行。

借：银行存款　　　　　　　　　　　　　　　　40 000
　　贷：库存现金　　　　　　　　　　　　　　　　　　　40 000

这一业务应填制现付凭证，而不必填制银收凭证。

（3）附件原始凭证应当同类。在填制记账凭证时，可以根据一张原始凭证填制记账凭证，也可以根据若干张同类原始凭证汇总填制记账凭证，还可以根据原始凭证汇总表填制记账凭证。但不得将不同内容和类别的原始凭证汇总填制在一张记账凭证上，否则，就会造成摘要无法填写，会计科目失去对应关系，记账时审核困难，也容易造成记账错误。

（4）书写工具。填制记账凭证应选择钢笔、碳素墨水笔，或用蓝黑墨水书写。

（5）填写记账凭证的日期。记账凭证的填写日期可分三种情况，如图4-26所示。

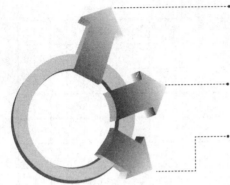

- 现金或银行存款付款业务的记账凭证，一般以财务部门支付现金或开出银行付款结算凭证的日期填写
- 现金收款业务的记账凭证，应当填写收款当日的日期
- 银行存款收款业务的记账凭证，实际收款日期可能和收到该凭证的日期不一致，则应按填制收款凭证的日期填写

图4-26　记账凭证的填写日期

（6）摘要。既要真实准确，又要简明扼要。
（7）记账凭证中金额的填写。记账凭证中金额的填写要求如图4-27所示。

记账凭证中金额的填写要求

① 记账凭证的金额必须与原始凭证的金额相符

② 阿拉伯数字应书写规范，并填至分位

③ 相应的数字应平行对准相应的借贷栏次和会计科目的栏次，防止错栏串行

④ 合计行填写金额时，应在金额最高位数前填写人民币"￥"符号，以示金额封顶，防止篡改

图4-27　记账凭证中金额的填写要求

（8）记账凭证应按行次逐笔填写，不得跳行或留有空行。记账凭证金额栏最后留有的空行，用直线或"S"线注销，所画的直线或"S"线应以金额栏最后一笔金额数字下的空行画到合计数行上面的空行。
（9）填写记账凭证的编号。为了根据记账凭证顺序登记账簿和日后核对账簿、凭证以及保证会计凭证的安全和完整，要对记账凭证进行编号。记账凭证的编号按月编写，编写方法有三种。如图4-28所示。

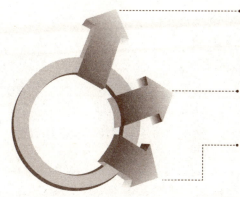

将一个月的全部经济业务，按经济顺序号统一编号。其编号方法简便，适用于通用记账凭证的单位使用

将一个月的全部经济业务，分收款业务、付款业务、转账业务三类按顺序编号

将一个月的全部经济业务，分现金收款、银行存款收款、现金付款、银行存款付款、转账业务五类按顺序编号

图4-28 记账凭证的编号方法

无论采用上述哪一种方法编号，都应按自然顺序连续编号，不得跳号、重号。

一笔经济业务编制在记账凭证上的会计分录，需在2张或2张以上的记账凭证上共同反映时，首先记账凭证的编号应是一个号，然后在此号码下，采用分数的方法来表示，称为分数编号法。例如，某笔经济业务属某月转账业务的第32号，需填制3张转账凭证共同完成，那么这3张转账凭证的编号应是 $32\frac{1}{3}$、$32\frac{2}{3}$、$32\frac{3}{3}$，分母3表示这笔业务需3张记账凭证，分子1、2、3分别表示第1、第2、第3张。

（10）计算和填写所附原始凭证的张数

① 附件的计算。记账凭证一般应当附有原始凭证。附件张数用阿拉伯数字写在记账凭证的右侧"附件××张"行内。附件张数的计算方法有以下两种：

第一，按附原始凭证的自然张数计算。

第二，有原始凭证汇总表的附件，可将原始凭证汇总表张数作为记账凭证的附件张数，再把原始凭证作为原始凭证汇总表的张数处理。

② 记账凭证后附件的整理与外形加工。实际工作中记账凭证所附的原始凭证种类繁多，为了便于日后的装订和保管，出纳员在填制记账凭证时应对附件进行必要的外形加工。具体方法如图4-29所示。

③ 原始凭证的粘贴。对于汽车票、火车票等外形较小的原始凭证，可粘贴在"凭证粘贴单"上作为一张原始凭证附件，但在粘贴单上应注明所粘贴原始凭证的张数和金额。

原始凭证粘贴纸的外形尺寸应与记账凭证相同，纸上可先印一个合适的方框，各种不能直接装订的原始凭证，如汽车票、地铁车票、市内公共汽车票、火车票、出租车票等，都应按类别整齐地粘贴于粘贴纸的方框之内，不得超出。

```
┌─ 过宽过长的附件
│
│   应进行纵向和横向的折叠。折叠后的附件外形尺寸，不应长于或宽于记账凭
│   证，同时还要便于翻阅；附件本身不必保留的部分可以裁掉，但不得因此影
│   响原始凭证内容的完整
│
└─ 过窄过短的附件，不能直接装订时

    应进行必要的加工后再粘贴于特制的原始凭证粘贴纸上，然后再装订粘贴纸
```

图4-29 记账凭证后附件的外形加工方法

当票据大于粘贴单的1/2时，直接将单据粘贴在粘贴单上。

当票据较多时，票据按票面金额、纸张大小依次从右向左粘贴在粘贴单上。粘贴时应横向进行，从右至左，并应粘在原始凭证的左边，逐张左移，后一张右边压位前一张的左边，每张附件只粘左边的0.6～1厘米长，粘牢即可。

粘好以后要捏住记账凭证的左上角向下抖几下，看是否有未粘住或未粘牢的。

在粘贴单的空白处分别写出每一类原始凭证的张数、单价与总金额。

（11）记账凭证的签名或盖章。记账凭证填制完成后，一般应由填制人员、审核人员、会计主管人员、记账人员分别签名或盖章，以示其经济责任，并使会计人员互相制约、互相监督，防止错误和舞弊行为的发生。对于收款凭证及付款凭证，还应由出纳员签名或盖章，以证明款项已收讫或付讫。

实行会计电算化的单位，对于机制记账凭证，在审核无误后，上述人员也要加盖印章或签字。

4.4.4 记账凭证的审核

为了保证账簿记录的准确性，记账前必须对已编制的记账凭证由专人进行认真、严格的审核。审核的要点如图4-30所示。

按原始凭证审核的要求，对所附的原始凭证进行复核

记账凭证所附的原始凭证是否齐全，是否同所附原始凭证的内容相符，金额是否一致等。对一些需要单独保管的原始凭证和文件，应在凭证上加注说明

凭证中会计科目的使用是否准确；应借、应贷的金额是否一致。账户的对应关系是否清晰；核算的内容是否符合会计制度的规定等

记账凭证所需要填写的项目是否齐全，有关人员是否都已签章等

图4-30　记账凭证的审核要点

4.4.5　记账凭证错误的更正

出纳员在编制记账凭证的过程中往往会因工作疏忽、业务不熟等原因发生记账错误，如会计账户借贷方向记反、使用会计科目不当、写错金额等情况的发生。发生上述错误后，要分别情况来处理。

（1）尚未登记账簿的。如尚未登记账簿的，应重新填制记账凭证，原错误的记账凭证予以作废或撕毁。

（2）已登记入账的记账凭证。对于已登记入账的记账凭证，则应根据错误发生的具体情况，相应地采用规定的方法予以更正。如图4-31所示。

已经登记入账的记账凭证在当年内发现填写错误时

可以用红字填写一张与原内容相同的记账凭证，在摘要栏注明"注销某月某日某号凭证"字样，同时再用蓝字重新填写一张正确的记账凭证，注明"订正某月某日某号凭证"字样

图4-31

方法二 如果会计科目没有错误只是金额错误

可以将正确数字与错误数字之间的差额，另编一张调整的记账凭证，调增金额用蓝字，调减金额用红字

方法三 发现以前年度记账凭证有错误的

应当用蓝字填制一张更正的记账凭证

图4-31 已登记入账不同情况错误的记账凭证的更正方法

第5章

出纳账簿建立与登记

5.1 出纳账簿的建账

5.2 账簿登记

5.3 出纳账簿的结账

5.4 出纳账簿的对账

5.5 与记账有关的其他业务

5.1 出纳账簿的建账

出纳账簿在实际工作中主要包括现金日记账、银行存款日记账、有价证券明细账及备查账簿。

5.1.1 现金日记账的建账

现金日记账是记录现金增减变动情况的账簿,由出纳员按照现金收付业务发生或完成时间的先后顺序,逐日逐笔按顺序登记。

(1)现金日记账的设置。企业和事业单位,只要有现金收付业务,就必须设置现金日记账。应做到有钱就有账、以账管钱,收付有记录、清查有手续,保证现金的合理使用和安全完整。

(2)现金日记账的启用。现金日记账是企业重要的经济档案之一,为保证账簿的合法性,明确经济责任,防止舞弊行为,保证账簿资料的完整和便于查找,在启用新账簿时,要按规定内容逐项填写。具体如表5-1所示。

表5-1 账簿的启用

账 簿 启 用 表			
单位名称			单位公章
账簿名称			
账簿编号	字第 号第 册共 册		
账簿页数	本账簿自第 页至 页共计 页		
启用日期	年 月 日		
法人代表	(盖章)	会计主管人员	(盖章)
经管人员		接管日期	移交日期	会计主管人员		印花税票粘贴处
姓名	盖章	年 月 日	年 月 日	姓名	盖章	

凡是设置现金日记账的单位，都必须在扉页上填写启用表，具体要求如下。
①"单位名称"栏。填写本企业的单位全称。
②"账簿名称"栏。填写"现金日记账"。
③"账簿页数"栏。填写本账簿计划启用的页数。
④"启用日期"栏。填写本账簿开始使用的时间。
⑤"经管人员盖章"栏。由出纳员签字或盖章。
⑥"会计主管人员盖章"栏。由本单位财会部门负责人签字或盖章。
⑦"接管日期"栏。本出纳员开始接账的时间。
⑧"移交日期"栏。出纳员因故离职，要进行工作交接，按交账的时间填写。
⑨"单位公章"栏。必须加盖企业的行政公章，公章的名称与"单位名称"栏的名称应完全一致，不得使用财务专用章或者其他公章代替。

5.1.2 银行存款日记账的建账

银行存款日记账是用来记录银行存款的增减变动情况的账簿，按照银行存款收付业务发生或完成的先后顺序，逐日逐笔登记。

（1）银行存款日记账的设置。企业应按开户银行和其他金融机构、存款种类等分别设置银行存款日记账。只要有资金结算业务的企业，就应设置银行存款日记账。

（2）银行存款日记账的启用。在启用账簿时，应严格按照有关规定和要求填写账簿启用表，做法可参照"现金日记账"。

5.1.3 有价证券明细账

有价证券明细账主要核算股票、债券等有价证券的增减变动及结存情况。出纳人员将自己保管的各种有价证券按不同的单位分设明细账进行核算，如设"长期股权投资——股票投资"等科目。明细账可选择"三栏式"或"多栏式"账簿，具体格式如表5-2所示。

表5-2 "三栏式"有价证券明细账

年		凭证		摘要	借方	贷方	余额
月	日	类别	号数				

5.1.4 备查账簿

备查账簿是一种辅助账簿,是对某些在日记账和分类账中未能记载的会计事项进行补充登记的账簿。建立备查账簿时,一般应该注意以下事项。

(1)按需建立。备查账簿应根据统一会计制度的规定和企业管理的需要设置,并不是每个企业都要设置备查账簿,而应根据管理的需要来决定。但是对于会计制度规定必须设置备查账簿的科目,如"应收票据""应付票据"等,必须按照会计制度的规定设置备查账簿。

(2)备查账簿的格式。备查账簿的格式由企业自行确定。备查账簿没有固定的格式,与其他账簿之间也不存在严密的钩稽关系,其格式可由企业根据内部管理的需要自行确定。

(3)备查账簿的外表形式。备查账簿的外表形式一般采用活页式。为了使用方便,备查账簿一般采用活页式账簿。与明细账簿一样,为保证账簿的安全、完整,使用时应按顺序编号并装订成册,注意妥善保管,以防账页丢失。

(4)备查账簿的建账方法。下面以建立"应收/应付票据备查登记簿"为例来说明备查账簿的建账方法。

企业设置"应收票据备查登记簿"时,应该逐笔登记每一张应收票据的种类、号数和出票日期、票面金额、交易合同号和付款人、承兑人、背书人的姓名或单位名称、到期日期和利率、贴现日期、贴现率和贴现净额,以及收款日期和收回金额等资料,应收票据到期结清票款后,应在备查登记簿内逐笔注销。如表5-3所示。

表5-3　应收票据备查登记簿

票种种类：　　　　　　　　　　　　　　　　　　　　　　　　　　第　　页

年		凭证		摘要	合同		票据基本情况				承兑人及单位名称	背书人及单位名称	贴现		承兑	转让		
月	日	字	号		字	号	号码	签发日期	到期日期	金额			日期	净额	日期	金额	日期	受理单位	票面金额	实收金额

（空白行若干）

企业设置"应付票据备查登记簿"时，应该详细登记每一张应付票据的种类、号数、签发日期、到期日期、票面金额、合同交易号、收款人姓名或单位名称，以及付款日期和金额等详细资料。应付票据到期付清时，应在备查登记簿内逐笔注销。如表5-4所示。

表5-4　应付票据备查登记簿

票种种类：　　　　　　　　　　　　　　　　　　　　　　　　　　第　　页

年		凭证		摘要	合同字号	票据基本情况					到期付款		延期付款	
月	日	字	号			号码	签发日期	到期日期	收款人	金额	日期	金额	日期	金额

（空白行若干）

5.1.5 新一年度更换账簿

年度终了需要换新的账簿。年度结账后，将本年度账簿中的余额结转到下一年度对应的新账簿中去，然后将本年度的全部账簿整理归档。

（1）结转账簿年度余额。结转账簿年度余额时，在本账簿中最后一笔记录（即本年累计）的下一行"摘要"栏注明"结转下年"，将计算出的年末余额记入余额方向相反的"借方"或"贷方"栏内，如："银行存款日记账"年末余额方向为借方，结转到下年度时，将余额列入"贷方"栏，在"余额"栏内注明"0"，在"借或贷"栏注明"平"。至此本账年末余额结转完毕。

（2）重新开设新一年度的账簿。下一个会计年度要对所有账簿进行重新开设。登记第一笔经济业务之前，应首先将本账簿的上年余额列示出来。其方法是：在新开设的账簿的第一行填写"月、日、上年结余"，将上年余额列入"余额"栏，并标明余额方向，余额方向应同上一个会计年度本账簿的余额方向相同。

新账结转或重建后，应在账簿封面上写明单位名称、账簿名称、编号和使用时限，在扉页"会计账簿启用表"上填写启用日期，单位负责人、记账人员和会计主管人员姓名并加盖名章和单位公章。

5.2 账簿登记

登记现金日记账（也叫现金出纳登记簿）与银行存款日记账，是出纳人员的重要工作，一定要认真仔细才行。应像要求会计员记账一样，出纳人员也必须按规定记好账、结好账、对好账。

5.2.1 现金日记账的登记

（1）现金日记账的格式。为了防止账页散失和随意抽换，以及便于查阅，现金日记账必须采用订本式，并为每一张账页顺序编号。

现金日记账的账页格式一般采用"收入""支（付）出"和"结余"三栏式。为了清晰地反映现金收付业务的账户对应关系，在"收入""支出"和"结余"三栏之前设置"对方科目"一栏。"三栏式"现金日记账的格式如表5-5所示。

表 5-5 现金日记账

第　　页

年		凭证		摘要	对方科目	收入（借方）	支出（贷方）	结余
月	日	种类	号数					

（2）现金日记账的登记方法。登记现金日记账的总要求如下。

① 分工明确，出纳人员负责。
② 凭证齐全，内容完整。
③ 登记及时，账款相符。
④ 数字真实、准确，书写工整。
⑤ 摘要清楚，便于查阅。
⑥ 不重记、不漏记、不错记。
⑦ 按期结账，不拖延积压。
⑧ 若发生记账错误，必须按规定方法更正。

登记现金日记账的具体方法和要求如表5-6所示。

表 5-6 登记现金日记账的具体方法和要求

序号	具体方法和要求
1	根据审核无误的现金收、付款凭证和银行存款付款凭证（到银行提取现金业务），登记现金日记账
2	（1）现金日记账所记载的内容必须与现金收、付款凭证和银行存款付款凭证相一致 （2）每笔业务都按记账凭证的"日期""编号""摘要""金额"和"对应科目"登记，逐笔分行记录，不得将收、付款凭证合并登记，也不得将收、付相抵后以差额登记 （3）登记完毕，应逐项审核，无误后在记账凭证上的"记账"栏内打"√"，表示已经登记入账，并在记账凭证的下方账签上自己的名字或加盖印章，以示负责
3	（1）应逐笔、顺时登记现金日记账，每日终了计算出库存现金的结余额（即日清） （2）为了及时掌握现金收付和结余情况，当日发生的有关现金收付的业务必须当日入账 （3）每日终了，应分别计算出当日现金收入和支出的合计数，以及账面的结余额，并将现金日记账的账面余额与库存现金实有数核对，做到账款相符

续表

序号	具体方法和要求
4	（1）现金日记账必须连续登记，不得跳行、隔页，不得随意撕去账页和更换账簿 （2）现金日记账采用订本式，任何人不得以任何理由撕去其账页，即使是作废的账页也应保留在账簿中；在一个会计年度内，任何人不得以任何借口更换账簿或重抄账簿 （3）记账必须按页次、行次、位次顺序登记，若不慎发生跳行、隔页时，出纳员应在空行或空页中间画线加以注销，或注明"此行空白"或"此页空白"字样，并加盖出纳员名章，以示负责
5	（1）登记现金日记账的文字和数字必须整洁清晰，准确无误 （2）出纳员在登记现金日记账时，不得滥造简化字，不得使用同音异义字，不得写怪体字 （3）摘要文字应紧靠左线 （4）数字应写在金额栏内，不得越格错位、参差不齐；数字一般可自左向右适当倾斜，以使账簿记录整齐、清晰

（3）现金日记账各栏目的填写方法。登记现金日记账时，除了遵循账簿登记的基本要求外，还应注意以下栏目的填写方法，如表5-7所示。

表5-7 现金日记账各栏目的填写方法

序号	栏目	填写方法
1	日期	"日期"栏中填入的应为据以登记账簿的会计凭证上的日期，现金日记账一般依据记账凭证登记，因此，此处日期为编制该记账凭证的日期。既不能填写原始凭证上记载的发生或完成该经济业务的日期，也不是实际登记该账簿的日期
2	凭证编号	"凭证字号"栏中应填入据以登账的会计凭证类型及编号。如，企业采用通用凭证格式，根据记账凭证登记现金日记账时，填入"记×号"；企业采用专用凭证格式，根据现金收款凭证登记现金日记账时，填入"收×号"
3	摘要	"摘要"栏简要说明入账的经济业务的内容，力求简明扼要
4	对应科目	"对应科目"栏应填入会计分录中"库存现金"科目的对应科目，用于反映库存现金增减变化的来龙去脉。在填写对应科目时，应注意以下三点 （1）对应科目只填总账科目，不需填明细科目 （2）当对应科目有多个时，应填入主要对应科目，如销售产品收到现金，则"库存现金"的对应科目有"主营业务收入"和"应交税费"，此时可在对应科目栏中填入"主营业务收入"，在借方金额栏中填入取得的现金总额，而不能将一笔现金增加业务拆分成两个对应科目金额填入两行

续表

序号	栏目	填写方法
4	对应科目	（3）当对应科目有多个且不能从科目上划分出主次时，可在对应科目栏中填入其中金额较大的科目，并在其后加上"等"字。如用现金800元购买零星办公用品，其中300元由车间负担，500元由行政部门负担，则在现金日记账"对应科目"栏中填入"管理费用等"，在贷方金额栏中填入支付的现金总额800元
5	借方、贷方	"借方金额"栏、"贷方金额"栏应根据相关凭证中记录的"库存现金"科目的借贷方向及金额记入
6	余额	"余额"栏应根据"本行余额=上行余额+本行借方金额－本行贷方金额"公式计算填入。正常情况下库存现金不允许出现贷方余额，因此，现金日记账余额栏前未印有借贷方向，其余额方向默认为借方。若在登记现金日记账的过程中，由于登账顺序等特殊原因出现了贷方余额，则在余额栏用红字登记，表示贷方余额

（4）现金日记账登记示例。三栏式现金日记账的"借方（收入）"栏，应根据现金收款凭证登记，"贷方（支出）"栏应根据现金付款凭证登记。由于从银行提取现金业务，只填银行存款付款凭证，不填现金收款凭证，因此，从银行提取现金的收入数，应根据银行存款付款凭证登记"借方（收入）"栏，具体的登记方法可参见下例。

 实例 5-1 ▶▶▶

某厂2019年9月29日现金余额为3 042.60元，银行存款余额为38 760.38元，在9月29日时发生下列经济业务，并已编制收、付款凭证。

（1）以现金640元购买打印纸（单价：320元/令）（现付字第82号凭证）。其会计分录如下。

  借：管理费用——办公费   640

    贷：库存现金   640

（2）员工李军暂借差旅费800元，以现金付讫（现付字第83号凭证）。其会计分录如下。

  借：其他应收款——李军   800

    贷：库存现金   800

（3）开出现金支票从银行提取现金10 000元发放工资（银付字第32号凭证）。其会计分录如下。

  借：库存现金   10 000

    贷：银行存款   10 000

（4）公司仓库产品发生霉烂变质，造成损失580元，经查明为保管员张兵失职造成，按规定应由张兵赔偿损失。实际发生责任事故时，由会计人员编制如下会计分录如下。

借：其他应收款——财产赔款——张兵　　　　　　580
　贷：待处理财产损益——待处理流动资产损益　　　580

实际收到张兵交来的赔款时，应编制现金收款记账凭证（现收字第46号凭证），出纳员应编制如下会计分录如下。

借：库存现金　　　　　　　　　　　　　　　　　580
　贷：其他应收款——财产赔款——张兵　　　　　　580

（5）收到某工厂退回的包装物押金300元时，应按规定编制现金收款记账凭证（现收字第47号凭证）。其会计分录如下。

借：库存现金　　　　　　　　　　　　　　　　　300
　贷：其他应收款——包装物押金　　　　　　　　　300

（6）发放工资10 000元（现付字第84号凭证）。其会计分录如下。

借：应付职工薪酬　　　　　　　　　　　　　　10 000
　贷：库存现金　　　　　　　　　　　　　　　　10 000

（7）王刚报销差旅费800元（凭证为现付字第85号）。其会计分录如下。

借：管理费用　　　　　　　　　　　　　　　　　800
　贷：库存现金　　　　　　　　　　　　　　　　　800

根据以上现金业务登记现金日记账，如下表所示。

现金日记账

2019年		凭证		摘要	对方科目	借方	贷方	借或贷	余额
月	日	字	号						
				承前页		5 630.80	4 738.60	借	3 042.60
9	29	现付	82	购打印纸	管理费用		640.00	借	2 402.60
9	29	现付	83	借差旅费	其他应收款		800.00	借	1 602.60
9	29	银付	32	提现金	银行存款	10 000.00		借	11 602.60
9	29	现收	46	收赔款	其他应收款	580.00		借	12 182.60
9	29	现收	47	收押金款	其他应收款	300.00		借	12 482.60
9	29	现付	84	发放工资	应付职工薪酬		10 000.00	借	2 482.60
9	29	现付	85	报销差旅费	管理费用		800.00	借	1 682.60
				本日合计		10 880.00	12 240.00		1 682.60
9	30			本月合计		16 510.80	16 978.60	借	1 682.60
				过次页		16 510.80	16 978.60		1 682.60

5.2.2 银行存款日记账的登记

（1）银行存款日记账的格式。银行存款日记账必须采用订本式，其账页格式一般采用"三栏式"，即"收入""支出"和"结存"三栏，如表5-8所示。

表5-8　银行存款日记账

第　　页

年		凭证		摘要	对方科目	收入（借方）	支出（贷方）	结余
月	日	种类	号数					

（2）登记要求。银行存款日记账的登记要求如图5-1所示。

必须根据审核无误的银行存款收款凭证、付款凭证，逐日逐笔按顺序登记

对于现金存入银行的业务，由于只填制现金付款凭证，不填制银行存款收款凭证，因而这种业务的"收入"栏应根据有关现金付款凭证登记

银行存款日记账的登账方法和要求与"现金日记账"基本相同，只是要在特定的"结算方式"栏内，注明原始凭证的种类和号码，以便与银行对账

图5-1　银行存款日记账的登记要求

（3）银行存款日记账登记示例。以下以一实例来说明银行存款日记账的登记方法。

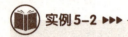

实例5-2

某公司2019年3月31日发生的银行存款收付款业务如下。

（1）31日，收到银行转来A公司购买386号产品的67号电汇单，共汇款8 595元（银收字第23号凭证）。其会计分录如下。

  借：银行存款   8 595
   贷：应收账款——A公司   8 595

（2）31日，开出2031号转账支票支付某公司修理仓库费用380元（银付字第36号凭证）。其会计分录如下。

  借：管理费用——维修费   380
   贷：银行存款   380

（3）销售289号产品100个给B公司，收到转账支票，价税合计4 600元，税率为4%，当日填写银行进账单送存银行（银收字第24号凭证）。其会计分录如下。

  借：银行存款   4 600.00
   贷：主营业务收入   4 423.08
     应交税费——应交增值税（销项税额） 176.92

（4）收到银行转来C公司预购商品的电汇款6 780元（银收字第25号凭证）。其会计分录如下。

  借：银行存款   6 780
   贷：预收账款——C公司   6 780

（5）开出转账支票支付E电器厂货款3 000元（银付字第37号凭证）。其会计分录如下。

  借：应付账款——E电器厂   3 000
   贷：银行存款   3 000

（6）收到F厂开出的转账支票，归还所欠货款4 900元，当即存入银行（银收字第26号凭证）。其会计分录如下。

  借：银行存款   4 900
   贷：应收账款——F厂   4 900

根据以上存款业务登记银行存款日记账，如下表所示。

银行存款日记账

2019年		凭证		摘要	结算凭证		对方科目	借方	贷方	借贷	余额
月	日	字	号		种类	字号					
				承前页				83 098.67	36 710.32	借	46 388.35
3	31	银收	23	收A公司款	电汇	××	应收账款	8 595.00			
3	31	银付	36	付维修费	支	××	管理费用		380.00		
3	31	银收	24	销售B公司	支	××	主营业务收入	4 600.00			
3	31	银收	25	预收货款	电汇	××	预收账款	6 780.00			
3	31	银付	37	还欠款	支	××	应付账款		3 000.00		
3	31	银收	26	收到欠款	支	××	应收账款	4 900.00			
				本日合计				24 875.00	3 380.00	借	67 883.35
3	31			本月合计				107 973.67	40 090.32	借	67 883.35

5.3 出纳账簿的结账

为了总括一定时期内（如年度、季度、月度）的全部经济业务和相应的财产收支情况，定期进行的汇总、整理、总结工作就是结账。

5.3.1 结账前的准备

结账前必须将本期（按月、按季或按年）内应该办理会计凭证手续的经济业务，全部填制记账凭证，并登记入账。本期的记账凭证要全部编号、装订、汇总，登记账簿时要一笔不漏地进行，并将发生额与有关对应科目的发生额核对无误后，才能结账。

5.3.2 结账的方法

对于出纳员而言，主要做好现金日记账、银行存款日记账、总账以及各明细账户的结账工作，结出本期发生额和期末余额。结账的方法有以下几种。

（1）日结账

① 每日业务终了，出纳员逐笔、序时地登记完现金日记账和银行存款日记账后，应结出本日结余额，现金日记账应与当日库存现金核对。

② 在分清"收入日记账"和"支出日记账"的情况下，出纳员在每日终了按规定登记入账后，结出当日收入合计数和当日支出合计数，然后将"支出日记账"中当日支出合计数转记入"收入日记账"中的当日支出合计栏内，在此基础上再结出当日账面余额。

（2）月结账。月结账是以一个月为结账周期，每个月月末对本月内的经济业务情况进行总结。

① 在每个月月底，要采用画线结账的方法进行结账，即在各账户的最后一笔账的下一行结出"本期发生额"和"期末余额"，在"摘要"栏内注明"本月合计"字样。

② 月末如无余额，应在"借或贷"一栏中注明"平"，并在"余额"栏中记"0"后，画上一条红线。

③ 对需逐月结算本年累计发生额的账户，应逐月计算自年初至本月份止的累计发生额，并登记在月结的下一行。在"摘要"栏内注明"本月合计"字样。如表5-9所示。

表5-9 银行存款日记账　　　　开户银行　工商银行××支行　第 1 页
账　号　068×××××××

2019年		凭证字号	银行凭证	摘要	对方科目	借方金额									贷方金额									借或贷	余额									√
月	日					亿	千	百	十	万	千	百	十	元	角	分	亿	千	百	十	万	千	百	十	元	角	分		亿	千	百	十	万	千	百	十	元	角	分	
12	01			期初余额																								借			3	1	6	7	0	0	0	0	
12	07	银付3	支2011	提现备用	库存现金															3	0	0	0	0	0		借			3	1	3	7	0	0	0	0	
12	08	银收4	支票	收到前欠货款	应收账款				2	0	0	0	0	0	0												借			5	1	3	7	0	0	0	0	
12	18	银付9	托收	支付水电费	制造费用等															3	2	0	0	0	0		借			4	8	1	7	0	0	0	0	
12	21	银付11	支2027	提现备发工资	库存现金															3	8	4	0	0	0		借				9	7	7	0	0	0	0	
12	31			本月合计					2	0	0	0	0	0	0					4	1	9	0	0	0	0												

（3）季结账

① 办理季结，应在各账户本季度最后一个月的月结下面画一通栏红线，表示本季结束。

② 在红线下结算出本季发生额和季末余额，并在摘要栏内注明"本季合计"字样，最后，再在摘要栏下面画一通栏红线，表示完成季结工作。

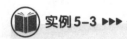

银行存款日记账

单位：元

2019年		凭证字号	摘要	对方科目	借方	贷方	余额
月	日						
3	1		期初余额				696 640.00
3	20		1-20日		483 100.00	307 500.00	872 240.00
3	21	银收54	向银行借款	短期借款	200 000.00		1 072 240.00
3	21	银付68	购进运输卡库	固定资产		234 000.00	838 240.00
3	21	银付69	提现备用	现金		1 000.00	837 240.00
3	21	银付70	用支票支付电话费	管理费用		5 110.00	832 130.00
3	22	银付71	购进材料	原材料		234 000.00	598 130.00
3	22	银付72	付一季度贷款利息	预提费用		12 000.00	586 130.00
3	23	银付73	代垫销售运杂费	应收账款		1 450.00	584 680.00
3	23	银付74	偿还上月购料款	应付账款		306 000.00	278 680.00
3	25	银付75	支票支付广告费	营业费用		1 900.00	276 780.00
3	27	银收55	收回销货款	应收账款	586 450.00		836 230.00
3	31		本月合计		1 269 550.00	1 102 960.00	863 230.00
3	31		本季合计		4 156 600.00	3 990 010.00	86 3230.00

（4）年结账。年结账是以一年为周期，对本年度内各项经济业务情况及结果进行总结。

① 在年末，将全年的发生额累计，登记在12月份的合计数的下一行，在"摘要"栏内注明"本年合计"字样，并在下面画一通栏双红线。

② 对于有余额账户，应把余额结算下一年，在年结数的下一行的"摘要"栏内注明"结转下年"字样。

实例 5-4

银行存款年结账示例

单位：元

2019年 月	日	凭证字号	摘要	对方科目	借方	贷方	余额
12	1		期初余额				696 640.00
12	20		1-20日		483 100.00	307 500.00	872 240.00
12	21	银收54	向银行借款	短期借款	200 000.00		1 072 240.00
12	21	银付68	购进运输卡库	固定资产		234 000.00	838 240.00
12	21	银付69	提现备用	现金		1 000.00	837 240.00
12	21	银付70	用支票支付电话费	管理费用		5 110.00	832 130.00
12	22	银付71	购进材料	原材料		234 000.00	598 130.00
12	22	银付72	付一季度贷款利息	预提费用		12 000.00	586 130.00
12	23	银付73	代垫销售运杂费	应收账款		1 450.00	584 680.00
12	23	银付74	偿还上月购料款	应付账款		306 000.00	278 680.00
12	25	银付75	支票支付广告费	营业费用		1 900.00	276 780.00
12	27	银收55	收回销货款	应收账款	586 450.00		863 230.00
12	31		本月合计		1 269 550.00	1 102 960.00	863 230.00
12	31		本季合计		4 156 600.00	3 990 010.00	863 230.00
12	31		本年合计		15 970 800.00	9 463 260.00	863 230.00
12	31		结转下年		863 230.00		0.00

③ 在下一年新账页的第一行的"摘要"栏内注明"上年结转"字样，并把上年年末余额数填写在"余额"栏内。如表5-10所示。

表 5-10　银行存款日记账　　　第 1 页
开户银行　工商银行××支行
账　号　　068×××××××

2019年 月	日	凭证字号	银行凭证	摘要	对方科目	借方金额	贷方金额	借或贷	余额	√
1	01			上年结转				借	3 167 000 00	
1	07	银付3	支2011	提现备用	库存现金		30 000 00	借	3 137 000 00	
1	08	银收4	支票	收到前欠货款	应收账款	200 000 00		借	5 137 000 00	
1	18	银付9	托收	支付水电费	制造费用等		320 000 00	借	4 817 000 00	
1	21	银付11	支2027	提现备发工资	库存现金		3 840 000 00	借	977 000 00	
1	31			本月合计		200 000 00	4 190 000 00			

5.3.3 实现会计电算化后的结账

每月月底都需要进行结账处理,计算机结账不仅要结转各账户的本期发生额和期末余额,还要进行一系列电算化处理,检查会计凭证是否全部登记入账并审核签章、试算平衡、辅助账处理等。与手工相比,电算化结账工作更加规范,结账全部由计算机自动完成。结账工作需要注意的事项如图5-2所示。

事项一	由于某月结完账后将不能再输入和修改该月的凭证,所以使用会计软件时,结账工作应由专人负责管理,以防止其他人员的误操作
事项二	结账前应检查该月的所有凭证是否均已记账、结账日期是否正确、其他相关模块的数据是否传递完毕,以及其他结账条件是否完备。若结账条件不满足,则退出本模块,检查本月份输入的会计凭证是否全部登记入账,只有在本期输入的会计凭证全部登记入账后才允许结本月份的账。与记账不同的是,一个月可以记账数次,而只能结一次账
事项三	结账必须逐月进行,上月未结账也不允许结本月的账。若结账成功,则做月结标志,之后不能再输入该月的凭证和记该月的账;若结账不成功,则恢复到结账前的状态,同时给出提示信息,要求用户做相应的调整
事项四	年底结账,则系统自动产生下年度的空白数据文件(即数据结构文件),并转年度余额。同时自动对"固定资产"等会计文件做跨年度连续使用的处理
事项五	跨年度时因年终会计工作的需要,会计软件允许在上年度未结账的情况下输入本年度一月份的凭证。单位可以根据具体情况,将结账环境设置为:在上年度未结账的情况下不允许输入本月的凭证
事项六	结账前应做一次数据备份,如果结账不正确可以恢复重做

图5-2 结账工作需要注意的事项

5.4 出纳账簿的对账

对账就是核对账目。按照《会计基础工作规范》的要求,各单位应当定期将会计账簿记录的有关数字与库存实物、货币资金、有价证券、往来单位或个人等进行相互核对，保证账证相符、账账相符、账实相符。对账工作每年至少进行一次。就出纳工作而言，对账的主要内容如下。

5.4.1 现金日记账的对账

现金日记账的账证核对，主要是指现金日记账的记录与有关的收款凭证、付款凭证进行核对；其账账核对，是指现金日记账与现金总分类账的期末余额进行核对；账实核对，是指现金日记账的余额与实际库存数额的核对。具体操作方法如下。

（1）现金日记账与现金收、付款凭证核对。收、付款凭证是登记现金日记账的依据，账目和凭证应该是完全一致的。但是，在记账过程中，由于工作粗心等原因，往往会发生重记、漏记、记错方向或记错数字等情况。账证核对要按照业务发生的先后顺序一笔一笔地进行。检查的项目如图5-3所示。

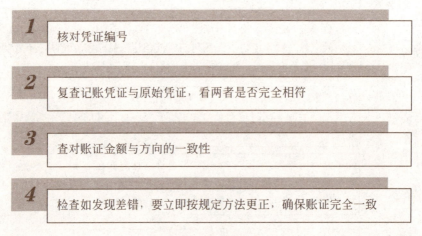

图5-3　检查的项目

（2）现金日记账与现金总分类账的核对。现金日记账是根据收、付款凭证逐笔登记的，现金总分类账是根据收、付款凭证汇总登记的，记账的依据是相同的，记录的结果应该完全一致。但是，由于两种账簿是由不同人员分别记账，而且总账一般是汇总登记，在汇总和登记过程中，都有可能发生差错；日记账是一笔一笔地记录的，记录的次数很多，也难免发生差错。因此出纳员应注意以下几点。

① 定期出具"出纳报告单"与总账会计进行核对。

② 平时要经常核对两账的余额，每月终了结账后，总分类账各个科目的借方发生额、贷方发生额和余额都已试算平衡，一定要将总分类账中现金本月借

发生额、本月贷方发生额以及月末余额分别同现金日记账的本月收入（借方）合计数、本月支出（贷方）合计数和余额相互核对，查看账账之间是否完全相符。如果不符，先应查出差错出在哪一方，如果借方发生额出现差错，应查找现金收款凭证、银行存款付款凭证（提取现金业务）和现金收入一方的账目；反之，则应查找现金付款凭证和现金付出一方的账目。找出错误后应立即按规定的方法加以更正，做到账账相符。

（3）现金日记账与库存现金的核对。出纳员在每天业务终了后，应自行清查账款是否相符。首先结出当天现金日记账的账面余额，再盘点库存现金的实有数，看两者是否完全相符。

特别提示

在实际工作中，凡是有当天来不及登记的现金收、付款凭证的，均应按"库存现金实有数 + 未记账的付款凭证金额 − 未记账的收款凭证金额 = 现金日记账账存余额"的公式进行核对。

5.4.2 银行存款日记账的对账

银行存款日记账核对是通过与银行送来的对账单进行核对完成的，银行存款日记账的核对主要包括以下几点内容，如图5-4所示。

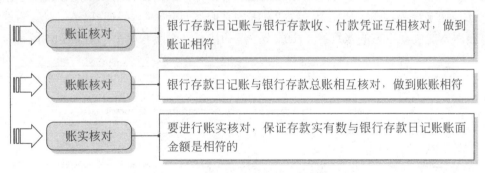

图5-4　银行存款日记账的核对内容

（1）账证核对。收、付款凭证是登记银行存款日记账的依据，账目和凭证应该是完全一致的，但是在记账过程中，由于各种原因，往往会发生重记、漏记、记错方向或记错数字等情况。账证核对主要按照业务发生的先后顺序逐笔进行，检查的内容主要包括如下几个方面，如图5-5所示。

1 核对凭证的编号

2 检查记账凭证与原始凭证是否完全相符

3 查对账证金额与方向的一致性。检查中如发现差错,要立即按照规定方法更正,以确保账证完全一致

图5-5 账证核对时检查的主要内容

（2）账账核对。银行存款日记账是根据收、付款凭证逐笔登记的,银行存款总账是根据收、付款凭证汇总登记的,记账依据是相同的,记录结果应一致,但由于两种账簿是由不同人员分别记账的,而且总账一般是汇总登记的,在汇总和登记过程中,都有可能发生差错。日记账虽是一笔一笔地登记,但记录次数多,难免会发生差错。平时要经常核对两账的余额。每月终了结账后,总账各科目的借方发生额、贷方发生额以及月末余额都已试算平衡,一定还要将其分别同银行存款日记账中的本月收入合计数、本月支出合计数和余额相互核对,做到账账相符。

（3）账实核对。企事业单位在银行中的存款实有数是通过银行对账单来反映的,所以账实核对是银行存款日记账定期与银行对账单核对,至少每月一次,这是出纳员的一项重要日常工作。

从理论上讲,银行存款日记账的记录与银行开出的银行对账单无论是发生额还是期末余额,都应是完全一致的,因为它们是同一账号存款的记录。但是通过核对却能发现双方的账目经常出现不一致的情况,原因有两个,如图5-6所示。

双方账目可能发生记录或计算上的错误,如单位记账时漏记、重记,银行对账单串户等,这种错误应由双方及时查明原因,予以更正

有未达账项

未达账项是指由于期末银行结算凭证传递时间出现差异而造成的银行与企业之间一方已入账,另一方尚未入账的账项。无论是记录有误,还是有未达账项,都要通过企业银行存款日记账的记录,与银行开出的银行存款对账单逐笔进行核对才能发现

图5-6 双方账目出现不一致情况的原因

> **相关链接**　　　　　　　　引起未达账项的原因
>
> 发生未达账项有以下四种情况。
> （1）银行已经收款入账，而企业尚未登记入账，这时会出现银行对账单结存额大于企业银行存款日记账结存额的情况。
> （2）银行已经付款入账，而企业尚未登记入账，这时会出现银行对账单结存额小于企业银行存款日记账结存额的情况。
> （3）企业已经收款入账，而银行尚未登记入账，这时会出现企业银行存款日记账结存额大于银行对账单结存额的情况。
> （4）企业已经付款入账，而银行尚未登记入账，这时会出现企业银行存款日记账结存额小于银行对账单结存额的情况。

无论是记录有误，还是有"未达账项"，都要通过企业银行存款日记账的记录与银行开出的银行对账单进行逐笔"核对"才能发现。具体做法如下。

① 出纳员根据银行提供的对账单同自己的银行存款日记账进行核对。

② 核对时，需要对凭证的种类、编号、摘要、记账方向、金额、记账日期等内容进行逐项核对，凡是对账单与银行存款日记账记录内容相同的，可用"√"在对账单和日记账上分别标示，以查明该笔业务核对一致；若有"未达账项"，应编制"银行存款余额调节表"进行调节，使双方余额相等。

5.4.3　查找错账的方法

会计在对账时，要重点对各种账户的记录进行核对，必须使用各种常见的查账方法。

（1）差额法。根据错账的差额数，查找所登记的会计账簿、凭证中是否有与错账相同的数字。通过差额的多少可以对简单的漏记、重记进行查找。

（2）顺查法。顺查法是按照记账的顺序，从原始凭证、账簿、编制会计报表全部过程进行查找的一种方法。即首先检查记账凭证与原始凭证的内容、金额等是否一致，再将记账凭证依次与各种日记账、明细账、总分类账逐笔进行核对，最后将其与会计报表进行核对结算。

这种检查方法，可以发现重记、漏记、错记科目、错记金额等。主要优点在于结果精确、方法简单。但是，查找起来费时费力，且不便于进行专项查账或按业务进行查账分工。

(3) 逆查法。逆查法又称倒查法，与顺查法相反，是从审阅、分析报表着手，根据发现的问题和疑点，确定查找重点，再核对有关的账簿和凭证。

这种检查方法比顺查法的查找范围小，而且有一定的核查重点，能够节约查账的时间和精力。但是，由于逆查法不进行全面而有系统的检查，因此很难保证错账的查找准确度，会计舞弊不能完全揭露。如果查账人员经验不足，可能出现较多的失误。

(4) 偶合法。偶合法是根据账簿记录差错中经常出现的问题，推测与差错有关的记录而进行查找的一种方法。这种方法主要适用于漏记、重记、错记的查找。如表5-11所示。

表5-11 偶合法的差错说明

序号	差错类别	方法	具体说明
1	漏记的查找	总账一方漏记	在试算平衡时，借贷双方发生额不平衡，出现差错。在总账与明细账核对时，会发现某一总账所属明细账的借（或贷）方发生额合计数大于总账的借（或贷）方发生额，也出现一个差额，这两个差额正好相等，而且在总账与明细账中有与这个差额相等的发生额，这说明总账一方的借（或贷）方漏记，借（或贷）方哪一方的数额小，漏记就在哪一方
		明细账一方漏记	在总账与明细账核对时可以发现。总账已经试算平衡，但在进行总账与明细账核对时，发现某一总账借（或贷）方发生额大于其所属各明细账借（或贷）方发生额之和，说明明细账一方可能漏记，可对该明细账的有关凭证进行查对
		整张记账凭证漏记	如果整张记账凭证漏记，则没有明显的错误特征，只有通过顺查法或逆查法逐笔查找
2	重记的查找	总账一方重记	在试算平衡时，借贷双方发生额不平衡，出现差错。在总账与明细账核对时，会发现某一总账所属明细账的借（或贷）方发生额合计数小于该总账的借（或贷）方发生额，也出现一个差额，这两个差额正好相等，而且在总账与明细账中有与这个差额相等的发生额记录，说明总账借（或贷）方重记，借（或贷）方哪一方的数额大，重记就在哪一方
		明细账一方重记	如果明细账一方重记，在总账与明细账核对时可以发现。总账已经试算平衡，与明细账核对时，某一总账借（或贷）方发生额小于其所属明细账借（或贷）方发生额之和，则可能是明细账一方重记，可对与该明细账有关的记账凭证进行查对
		整张记账凭证重记	如果整张记账凭证重记，则没有明显的错误特征，只能用顺查法或逆查法逐笔查找

续表

序号	差错类别	方法	具体说明
3	记反账的查找		记反账是指在记账时把发生额的方向弄错,将借方发生额记入贷方,或者将贷方发生额记入借方。总账一方记反账,在试算平衡时发现借贷双方发生额不平衡,出现差额,这个差额是偶数,能被2整除,所得的商数则在账簿上有记录。如果借方大于贷方,说明将贷方错记为借方;反之,则说明将借方错记为贷方。如果明细账记反了,而总账记录正确,则总账发生额试算是正确的,可用总账与明细账核对的方法查找

5.4.4 错账的更正

(1) 画线更正法。出纳员在登记账簿的过程中,如发现文字或数字记错时,可采用画线更正法进行更正。即先在错误的文字或数字上画一红线注销,然后在红线上方空白处填写正确的记录,在画线时必须注意使原来的错误字迹仍可辨认。更正后,要在画线的一端盖章,以示负责。

实例 5-5 ▶▶▶

　　梁某在记账过程中发现账簿记录中有金额数字"780"误写为"870",更正时,首先将870全部用红线划掉,然后在红线上方空白处用蓝字记上780,并盖章,如下图所示。

填写错误的更正方法

实例5-6 ▶▶▶

企业收到长明工厂货款8 792.00元,存入银行存款户。

(1)发现记账错误。银行存款日记账见下表。

银行存款日记账

2019年		凭证号	摘要	结算凭证	借方							贷方							余额						
月	日				万	千	百	十	元	角	分	万	千	百	十	元	角	分	万	千	百	十	元	角	分
6	1		期初结存																	6	0	0	0	0	0	0
			……																							
6	5	8	收到大明工厂结款			8	9	7	2	0	0														
			……																							
6	30		本月合计																							

(账簿文字笔误 / 账簿数字笔误)

(2)更正错误。银行存款日记账如下表所示。

银行存款日记账

2019年		凭证号	摘要	结算凭证	借方							贷方							余额						
月	日				万	千	百	十	元	角	分	万	千	百	十	元	角	分	万	千	百	十	元	角	分
6	1		期初结存																	6	0	0	0	0	0	0
			……																							
6	5	8	长 收到大明工厂结款			8 8	7 9	9 7	2 2	0 0	0 0		印章												
			……																							
6	30		本月合计																							

要注意的是:文字错误可以只更正个别错字,数字错误必须全部画线更正。

(2)红字更正法。在记账以后,如果在当年内发现记账凭证的会计科目或金额发生错误,可以使用红字更正法更正。如果发现以前年度记账凭证中有错误(指科目和金额)并导致账簿登记错误,应当用蓝字填制一张更正的记账凭证,更正由于记账错误对利润产生的影响。

实例5-7 ▶▶▶

记账时本应贷记"银行存款"科目,而却误记为"库存现金"科目,并已登记入账,其更正方法如下。

（1）用红字填制一张与原错误分录相同的记账凭证。其会计分录如下。

借：其他应收款——李明　　　　　　　　　　800
　　贷：库存现金　　　　　　　　　　　　　　　800

（2）用蓝字填制一张正确的记账凭证。其会计分录如下。

借：其他应收款——李明　　　　　　　　　　800
　　贷：银行存款　　　　　　　　　　　　　　　800

① 会计科目有误。具体操作时，先用红字填制一张与原错误完全相同的记账凭证，据以用红字登记入账，冲销原有的错误记录；同时用蓝字填制一张正确的记账凭证，注明"更正××××年×月×日×号记账凭证"，据以登记入账。

特别提示

在记账凭证中，只有实记金额大于应记金额时，才使用红字更正法，否则就应使用补充登记法。

实例5-8 ▶▶▶

企业购入原材料10 000元，用银行存款支付。在记账时误记为以下会计分录，已经登记入账。

借：管理费用　　　　　　　　　　　　　　10 000
　　贷：银行存款　　　　　　　　　　　　　　10 000

发现错误后，先用红字填制一张与原记账凭证相同的凭证，并据以用红字登记入账，以冲销原有的账簿记录。其会计分录如下。

借：管理费用　　　　　　　　　　　　　　10 000
　　贷：银行存款　　　　　　　　　　　　　　10 000

然后，再用蓝字填制一张正确的记账凭证，并在摘要栏中注明"更正××××年×月×日×号记账凭证"。其会计分录如下。

借：原材料　　　　　　　　　　　　　　　10 000
　　贷：银行存款　　　　　　　　　　　　　　10 000

② 金额错误。金额错误时更正与会计科目的更正稍有不同。在更正时，只需将多记金额用红字填制一张与原记账凭证科目、方向相同的凭证，并在摘要

栏内注明"冲销××××年×月×日×号记账凭证多记金额",然后据以登入账。

实例 5-9 ▶▶▶

企业购入原材料1 000元,用现金支付。在记账时误记为以下会计分录,已经登记入账。

  借:原材料   10 000
    贷:库存现金   10 000

发现错误后,用红字将多记金额编制记账凭证,在摘要栏内注明"冲销××××年×月×日×号记账凭证多记金额"。其会计分录如下。

  借:原材料   9 000
    贷:库存现金   9 000

(3)补充登记法。在记账以后,发现记账凭证填写的金额小于实际金额时,可采用补充登记法进行更正。更正时,可将少记数额填制一张记账凭证补充登记入账,并在摘要栏内注明"补充××××年×月×日×号凭证少记金额"。

实例 5-10 ▶▶▶

某企业通过开户银行收到某购货单位偿还的前欠货款18 600元,在填制记账凭证时将金额误记为16 800元,少记了1 800元,并已登记入账。

更正时,应将少记的1 800元用蓝字填制一张记账凭证,并登记入账。其补充更正分录如下。

  借:银行存款   1 800
    贷:应收账款   1 800

根据这一记账凭证登记入账后,使"银行存款"和"应收账款"两科目的原来错误都得到了更正。

5.4.5 实现会计电算化后的对账

计算机银行对账与手工核对银行账的原理和方法基本相同,但对账、核销已达账项以及编制银行存款余额调节表等工作基本交由计算机自动完成。计算机核对银行账，首先将银行发来的对账单输入计算机中的银行对账单库中，然后由用户确定对账的银行存款科目及对账方式，再令计算机自动将系统中存储的银行日记账中的记录按对账的条件进行筛选，并将筛选的记录送入银行日记账未达账库中，最后在银行对账单库与日记账未达账库之间进行记录的自动核对和核销，并自动生成银行存款余额调节表。

5.5 与记账有关的其他业务

5.5.1 定期编制出纳报告单

出纳员记账后，应根据现金日记账、银行存款日记账、有价证券明细账、银行对账单等核算资料，定期编制"出纳报告单"，报告本单位一定时期现金、银行存款、有价证券的收、支、存情况，并与总账会计核对期末余额。

"出纳报告单"主要反映库存现金、银行存款和有价证券的收、存并与总账会计核对期末余额。其基本格式如表5-12所示。

表5-12 出纳报告单

单位名称： 　　　　　　　　　　　　　　　　　　　　　　　年　　月　　日

项目	库存现金	银行存款	有价证券	备注
上期结余				
本期收入				
合计				
本期支出				
本期结余				

主管：　　　　　记账：　　　　　出纳：　　　　　复核：　　　　　制单：

（1）填制时间。出纳报告单的报告期可与本企业总账会计汇总记账的周期一致，如果本企业总账10天汇总一次，则出纳报告单每10天编制一次。

（2）填制要求。出纳报告单的填制要求如表5-13所示。

表5-13 出纳报告单的填制要求

序号	项目	填制要求
1	上期结存数	上期结存数是指报告期的前一期的期末结存数,即本期报告期前一天的账面结存金额,也等于上一期出纳报告单的"本期结存"数
2	填制本期收入	"本期收入"按照对应账簿的账面本期的合计借方数字填列
3	填制合计数	"合计"栏填写上期结存与本期收入的合计数
4	填制本期支出	"本期支出"栏应按对应账簿的账面本期的合计贷方数字填列
5	填制本期结存	"本期结存"是指本期期末账面的结存数字,"本期结存"数字="合计"数字-"本期支出"数字。本期结存数应与账面实际结存数相一致

5.5.2 编制银行存款余额调节表

对于核对出来的未达账项,出纳员应编制银行存款余额调节表,以检查银、企双方的余额是否平衡。对未达账项进行余额调节的平衡公式如下。

$$\text{单位银行存款日记账余额} + \text{银行已收而单位未收的款项} - \text{银行已付而单位未付的款项} =$$

$$\text{银行对账单余额} + \text{单位已收而银行未收的款项} - \text{单位已付而银行未付的款项}$$

经调节双方余额相符,说明账务处理无差错,可据以编制"银行存款余额调节表"。其编制规则是:"哪方未收就在哪方加上,哪方未付就在哪方减去。"

实例5-11

某企业2019年7月31日银行存款日记账余额为158 200元,而银行对账单余额为78 000元,经逐笔核对,发现有如下四笔未达账项。

(1)7月11日,企业收到货款100 000元,银行尚未入账。

(2)7月18日,银行支付企业水电费800元,企业因未收到银行的付款通知书,尚未入账。

(3)7月20日,企业开出现金支票一张,金额600元,持票人尚未到银行提现,银行未入账。

(4)7月25日,某单位汇来预付货款20 000元,银行已经收妥入账,但企业尚未入账。

银行存款余额调节表如下表所示。

银行存款余额调节表

2019年7月31日　　　　　　　　　　　　　　　　　　单位:元

项目	金额	项目	金额
企业银行存款日记账余额	158 200	银行对账单余额	78 000
加:银行已收,企业未收款	20 000	加:企业已收,银行未收款	100 000
减:银行已付,企业未付款	800	减:企业已付,银行未付款	600
调节后的存款余额	177 400	调节后的存款余额	177 400

某企业8月份银行存款余额为95 600元,银行对账单余额为98 600元。现发现未达账款如下。

(1)某日送存银行的转账支票1 000元,银行未入账。

(2)某日企业开出的转账支票1 800元,持票人未到银行办理转账。

(3)企业委托银行收取的款项3 000元银行已收妥入账,企业未收到通知。

(4)银行代企业付电话费800元,银行未通知企业。

该企业编制出的银行存款余额调节表如下表所示。

银行存款余额调节表

单位:元

项目	金额	项目	金额
银行存款日记账	95 600	银行对账单余额	98 600
加:银行已收而企业未收的款项	3 000	加:企业已收而银行未收的款项	1 000
减:银行已付而企业未付	800	减:企业已付而银行未付	1 800
调整后的余额	97 800	调整后的余额	97 800

在这里强调一点,凡是有银行存款的,均有可能出现未达账项,因此,企业编制银行存款余额调节表,也同样适用于其他类别的存款。

调节后,如果双方余额相等,一般可以认为双方记账没有差错,不需做任何调整，不能直接以银行存款余额调节表的结果来调整账簿。

若调节后双方余额仍然不相等时，原因有两个：一是未达账项未全部查出；二是一方或双方账簿记录还有差错。不管是什么原因，都要进一步查清楚并加以更正，一定要查到调节表中双方余额相等为止。

调节后的余额既不是企业银行存款日记账的余额，也不是银行对账单的余额，它是企业银行存款的真实数字，也是企业当日可以动用的银行存款的极大值。

第6章

现金收付与管理业务

6.1　现金收款

6.2　现金支付

6.3　现金送存

6.4　备用金管理

6.5　现金清点与清查

6.1 现金收款

出纳人员在办理现金收入业务时,应当按照现金收入管理的原则,及时取得或填制有关原始凭证,按规定的程序收取并点清现金收入,做到完整、准确地反映本单位的现金收入情况,并对收入业务进行有效的监督。

6.1.1 现金收入管理的原则

出纳人员在进行现金收入管理时,应掌握一定的方法,按照基本的规定办理现金收款业务,主要原则包括以下几点。

(1)单位任何人员不得瞒报、漏报、少报、误报收入。

(2)部门经理负责制,即销售或劳务收入由业务部负责人统一监控,非经营性收入由各部门负责人监控。

(3)收入凭证由专人保管开具。凡是涉及现金收入的凭证,如发票、内部收据、财务专用章及发票专用章等,一律由出纳人员或专人专门负责开具及保管,定期盘点核对,保证收款与开出凭证的金额一致,严禁开具大头小尾的收入凭证。

(4)账实核对。凡涉及商品销售的,所有库存商品的发出必须与相应的收入或其他用途相对应;凡涉及实物增减的,也应与相应的去向相符合。

出纳工作一般是按时间分阶段进行处理和总结的,因此出纳人员在了解资金收支的一般程序和账务处理之后,要对工作有个时间概念,以保证出纳业务得到及时处理,出纳信息得到及时反映。

6.1.2 严格办理收入手续

发生现金收入后,出纳人员应及时办理收入手续,做到手续完备,一笔一清,具体内容如下。

(1)审查收入的合法性。在处理日常业务收入现金时,必须严格遵守国家现金收入范围的规定,不得在出售商品的金额超过结算起点时,拒收银行结算凭证而收取现金,或按一定比例搭配收取现金等。

（2）现金收入要一笔一清。收取现金时，要清点完一笔之后再清点另一笔，几笔收款不能混在一起办理，以免互相混淆或调换。一笔款项未办理妥当，出纳员不得离开座位；收款过程应在同一时间内完成，不准收款后过一段时间再开发票或收据；对已完成收款的收据应加盖"现金收讫"字样。出纳员与付款人当面点清后，应再询问一次付款人金额是否正确，如无异议，即可将发票或收据交给付款人，至此收入手续才算结束。

（3）现金收入要及时送存银行。出纳人员应严格控制收款日期和收款金额，保证本单位应得的收入及时收取、不缺不满并及时送存银行。

6.1.3 现金收入的程序

直接收款方式，是指由交款人直接持现金到出纳部门交款的方式，如购货单位交付贷款、职工交来欠款等。出纳人员在办理此类收款业务时，其收款程序如图6-1所示。

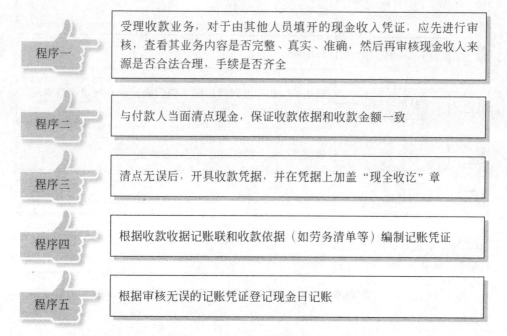

图6-1 现金收入的收款程序

在商品零售业、旅游、饮食服务业等行业中，由于收款业务比较频繁，一般采用由营业员分散收款或收银员集中收款的方式，每天定时向出纳部门交款，其现金收入也应按前述程序办理手续。

6.1.4 怎样复核现金收款凭证

现金收款凭证是出纳员办理现金收入业务的依据。出纳员在办理每一笔现金收入前，都必须复核现金收款凭证，按照《现金管理暂行条例》及《会计基础工作规范》等有关规定和要求认真复核图6-2的内容。

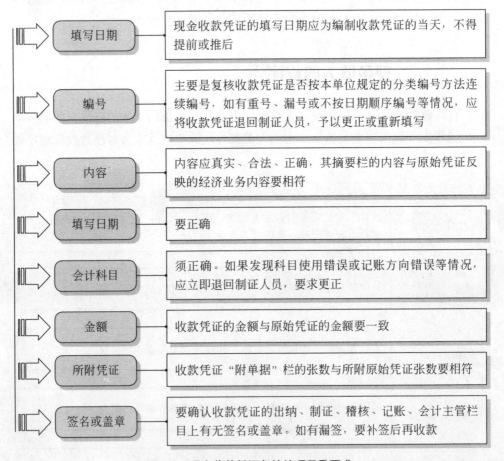

图6-2 现金收款凭证复核的项目及要求

相关链接 　　　　　　　　收整付零计算法

出纳员每天要收付多笔现金，经常会出现收到整笔款项需要找回零钱的情况，特别是在发票报销过程中更是多见。这时，改变一下常规计算程序，可以既快又准。如某职工出差前预借公款500元，回来后实际报销结算单据为462.5元，尚应收回现金37.5元。但由于该职工随身仅有一些小钱和一张面值50元的人民币，如交来50元，却又需找回现金12.5元。这种业务通常的计算程序是：500−462.5−50=−12.5（元）

接连出现两笔先后收付对象相反的金额，稍有不慎便会出现差错。如果改变一下计算程序，使之成为：462.5+50−500=12.5（元）

这样就显得更为便捷，既提高了工作效率，又不容易出现找零差错。

6.1.5 现金收入的核算

（1）审核原始凭证。出纳员在处理收款业务时，首先审核外来的原始凭证，如发票、各种收据，审核该项业务的合理性、合法性，以及该凭证所反映的商品数量、单价、金额是否正确，有无刮擦、涂改迹象，有无相关负责人签章，对其票据的真实性进行审核。

（2）编制记账凭证。填制现金收款凭证的内容必须齐全，书写清晰，数据规范，会计科目准确，编号合理，签章手续完备。

① 现金收款凭证的内容必须齐全，凡是凭证格式上规定的各项内容必须逐项填写齐全，不得遗漏和省略，以便完整地反映经济活动全貌。

② 填写现金收款凭证的文字、数字必须清晰、工整、规范。

③ 记账凭证中所运用的会计科目必须适当。按照原始凭证所反映的现金收款业务的性质，根据会计制度的规定，确定应"收"和应"付"会计科目，需要登记明细账的还应列明二级科目和明细科目的名称并据以登账。一般来说，出纳员只涉及收付款凭证，不涉及转账凭证。对于收款凭证其借方科目为"现金"或"银行存款"，其贷方科目则应根据经济业务内容视具体情况而定，例如，贷记"主营业务收入""其他业务收入"等；对于付款凭证，贷方科目为"库存现金"或"银行存款"，借方科目也是根据经济业务内容视具体情况而定，例如，借记"原材料""材料采购""管理费用"等。

④ 现金收款凭证要求连续编号以便备查，如一式三联的发票收据应连续编号，按编号顺序使用。作废时应加盖"作废"戳记，连同存根联一起保存，不得撕毁。记账凭证一般是按月顺序编号，可采取两种方式：一是将收付款凭证自每月第一笔业务顺序编至月末最后一笔业务；二是收付款凭证与转账凭证混合编号。但无论选择哪种方式，需注意的是不可以有漏号、重号错误。

6.2 现金支付

6.2.1 现金支付的范围

按照国务院发布的《现金管理暂行条例》规定，开户单位可以在图6-3所列范围内使用现金。

1. 职工工资、津贴
2. 个人劳务报酬
3. 根据国家规定颁发给个人的科学技术、文化艺术、体育等各种奖金
4. 各种劳保、福利费用以及国家规定的对个人的其他支出
5. 向个人收购农副产品和其他物资的价款
6. 出差人员必须随身携带的差旅费
7. 结算起点以下的零星支出
8. 中国人民银行确定需要支付现金的其他支出

图6-3 现金支付的范围

6.2.2 现金支付的原则

出纳员必须以严肃认真的态度处理现金支付业务，因为一旦发生失误，将会造成不可弥补的经济损失。现金支付主要有如图6-4所示的几个原则。

第6章 现金收付与管理业务

1. 必须以真实、合法、准确的付款凭证为依据
2. 必须以谨慎严肃的态度来处理支付业务，宁可慢一些，也不能疏忽大意
3. 必须以手续完备、审核无误的付款凭证为最终付款依据
4. 现金支付时，要当面点清，双方确认无误
5. 不得套取现金用于支付。套取现金是指逃避现金审查，采用不正当的手段支取现金的违法行为

图6-4　现金支付的五大原则

相关链接　　　套取现金的表现

套取现金主要有以下几种表现。
（1）编造合理用途或以支取差旅费、备用金的名义支取现金。
（2）利用私人或其他单位的账户支取现金。
（3）用公款转存个人储蓄账户支取现金。
（4）用转账方式通过银行、邮局汇兑，异地支取现金。
（5）用转账凭证换取现金。
（6）虚报冒领工资、奖金和津贴补助。

6.2.3 现金支付的程序

（1）现金付款业务的基本程序。现金付款业务的基本程序如图6-5所示。

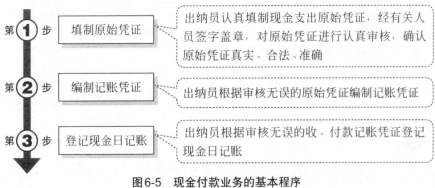

图6-5　现金付款业务的基本程序

（2）不同情形下的现金支付程序。支付现金有主动支付和被动支付两种情形。

① 主动支付现金。主动支付是指财务部门主动将现金付给收款单位和个人，如发放工资、奖金、薪金、津贴以及福利等。其程序如图6-6所示。

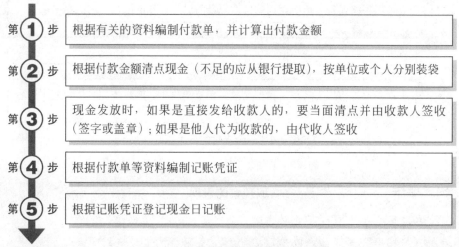

图6-6　主动支付现金的业务程序

② 被动支付现金。被动支付是指收款单位或个人持有关凭证到出纳部门领报现金，其程序如图6-7所示。

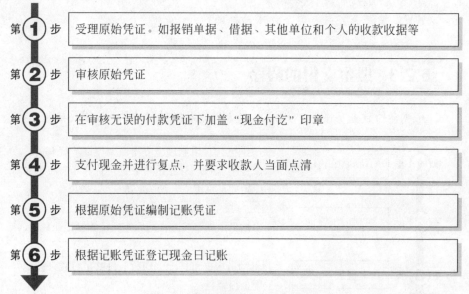

图6-7　被动支付现金的业务程序

6.2.4 现金支付的方式

在出纳工作中，现金支付有直接支付现金和支付现金支票两种基本方式，如图6-8所示。

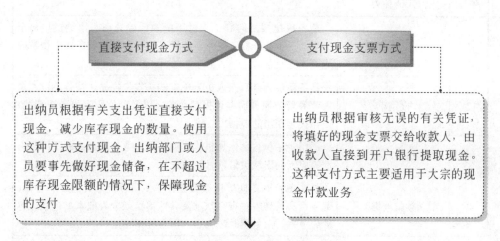

图6-8 现金支付的方式

6.2.5 记账

各单位用现金进行支付后，应根据实际支付的金额编制现金付款凭证，其贷方科目自然为现金，其借方科目则为相应费用类科目或其他科目，其相应的会计分录如下。

借：管理费用（费用类科目或其他科目）
　贷：库存现金

6.2.6 现金付款凭证的复核

（1）现金付款凭证的种类。现金支付业务的原始凭证可分为外来原始凭证和自制原始凭证。

① 外来原始凭证。外来原始凭证是由于向外购货或接受劳务、服务而由供货方或提供劳务、服务方填写原始凭证，如购货接受的发票，乘坐车船飞机的车票、船票和飞机票等。

②自制原始凭证。自制原始凭证是由本单位在发生付款业务时由本单位统一制作或外购时填开的原始凭证。常见的原始付款凭证有以下几种，如表6-1所示。

表6-1 原始付款凭证的种类

序号	凭证种类	具体说明
1	工资表	是各单位按月向职工支付工资的原始凭证。出纳员按每个员工的工资数计算工资总额，通过银行办理，并附以工资发放清单
2	报销单	是各单位内部有关人员为单位购买零星物品，按外单位或个人劳务费或服务而办理报销业务，以及单位职工报销医药费、托补费等使用的单据
3	借款收据	适用于单位内部所属机构为购买零星办公用品或职工因公出差等原因向出纳员借款时的凭证
4	领款收据	是本单位职工向单位领取各种非工资性奖金、津贴、补贴、劳务费和其他各种现金款项及其他单位或个人向本单位领取各种劳务费、服务费时填制的，作为付款的凭证
5	差旅费借款、报销单	出差人员预先借的差旅费可以使用差旅费借款结算单作为原始凭证

（2）怎样复核现金付款凭证。出纳员对每一笔现金支付业务都要认真复核现金付款凭证，在复核现金付款凭证时，应注意以下几点。

① 对于涉及现金和银行存款之间的收付业务，即从银行提取现金或以现金存入银行，为了避免重复，只按照收付业务涉及的贷方科目编制付款凭证。

② 当现金付款凭证出现红字时，实际经济业务应是现金收入的增加，但在处理时为了避免混淆，出纳员在凭证上加盖印章时仍应加盖现金付讫章，以表示原经济业务付出的款项已全部退回。

③ 当发生销货退回时，如数量较少，且退款金额在转账起点以下，需用现金退款时，必须取得对方的收款收据，不得以退货发货票代替收据编制付款凭证。

④ 从外单位取得的原始凭证如遗失，应取得原签发单位盖有公章的证明，并注明原始凭证的名称、金额、经济内容等，经单位负责人批准，方可代替原始凭证。如确实无法取得证明，由当事人写出详细情况，由同行人证明，并由主管领导和财务负责人批准，方可代替原始凭证。

⑤"原始凭证分割单"可作为填制付款凭证的依据。出纳员需要对原始凭证分割单进行审查，如表6-2所示。

表6-2　原始凭证分割单（支付证明）

单位：　　　　　　　　　　　　　　　　　　　　　　　年　　月　　日

品名或用途	摘要	金额							
		百	十	万	千	百	拾	元	角	分
	人民币金额（大写）									
原始凭证	编号	单位名称						电话		
	分割原因									

核准（签章）：　　证明（签章）：　　验收（签章）：　　经手（签章）：　　制单（签章）：

6.3　现金送存

按照规定，企业在其日常现金收支业务中，除了按规定可以坐支的现金和非业务性零星收入收取的现金可用于补足库存现金限额的不足外，其他业务活动取得的现金以及超过库存现金限额的现金都必须按规定于当日送存银行。当日送存银行确有困难的，由开户银行确定送存时间。送存现金的基本程序如下。

6.3.1　整理现金

出纳员在将现金送存银行之前，为了便于银行柜台清查现金，提高工作效率，应对送存现金进行分类整理。

> **相关链接**　　　　　　　　现金整理的方法
>
> 　　现金整理的方法为：
> 　　纸币应按照票面金额（即券别）分类整理。纸币可分为主币和辅币，主币包括100元、50元、10元、5元和1元，辅币包括5角、1角。出纳员应将各种纸币打开铺平，然后按币别每100张为一把，用纸条和橡皮筋箍好，每10把扎成一捆，比如100元券的纸币一把即为10 000元，一捆即为100 000元；10元券一把即为1 000元，一捆即为10 000元。不满100张的，从大到小平摊摆放。
> 　　铸币包括1元、5角、1角。铸币也应按币别整理，同一币别每100枚为一卷，用纸包紧卷好，每10卷为一捆。例如5角的铸币每一卷即为50元，每一捆即为500元。不满50枚的硬币，也可不送，或用纸包好另行包放。残缺破损的纸币和已经穿孔、裂口、破缺、压薄、变形以及正面的国徽、背面的数字模糊不清的铸币，应单独剔出，另行包装，整理方法与前同。

6.3.2 填写现金送款单

　　现金整理完后，出纳员应根据整理后的金额填写现金送款单。现金送款单一般一式四联，第一联为回单，由银行签章后作为送款单位的记账依据，第二联为银行收入传票，第三联为收账通知，第四联由银行出纳留存作为底联备查。出纳员在填写现金收款单时，要按格式规定如实填写有关内容，包括收款单位名称、款项来源、开户银行、送款日期、科目账号、送款金额的大、小写及各券别的数量等。

　　出纳员在填写现金送款单时应注意以下几点。

　　（1）必须如实填写现金送款单的各项内容，特别是其中的款项来源等。

　　（2）交款日期应当填写送存银行当日的日期。

　　（3）券别的明细账的张数和金额必须与各券别的实际数一致，1元、5角、1角等既有纸币又有铸币的，应填写纸币、铸币合计的张数和金额。

　　（4）在填写现金送款单（见表6-3）时必须采用双面复写纸（送款单自身带复写功能的除外），字迹必须清楚、规范，不得涂改。

表6-3　中国××银行现金送款单

交款日期：　　　　　　　　　　　　　　　　　　年　　月　　日

对方科目					开户银行账号								
收款单位名称					款项来源								
币种及金额（大写）					千	百	十	万	千	百	十	元	角	分
券别	100元	50元	10元	5元	1元	5角	1角	金额合计					
数额													
整把券													
零把券													
								收款银行盖章					

收款复核：

6.3.3 送存交款

（1）操作程序

① 出纳员按规定整理现金并填写现金送款单后，应将现金连同现金送款单一起送交银行柜台收款员。

② 在交款时，送款人必须同银行柜台收款员当面交接清点。

③ 经柜台收款员清点无误后，银行按规定在现金送款单上加盖印章，并将回单联退还给送款人，送款人在接到回单联后应当即进行检查，确认为本单位交款回单，且银行有关手续已经办妥后即可离开柜台。

有的企业因交款数额较大，或者辅币较多，银行当面点清确有困难的，可事先与银行协商，双方规定有关条件，并签订协议书，采取"封包交款"的办法交款。

相关链接　　　　　　封包交款

封包交款指的是交款单位把要交存银行的现金，按有关要求进行整理，并按银行的规定捆包好，在捆包上加贴封签、写明金额、加盖公章，连同填写好的现金送款单一并送交银行。银行凭封签上的金额轧清大数后收款，先在现金送款单上加盖"收讫"章和收款员印章，将回单联交给交款人，事后再按规定逐包清点细数。如发现长短款，再向交款单位办理多退少补手续。

实行封包交款办法的单位在封包时,首先要把货币整理,其次按银行的要求进行封包(捆扎)。封包时纸币要按面额分类,每10把扎成一捆,捆扎时上下垫好衬纸,用十字形捆扎,在每捆钞票打结处要加贴封签,封签贴在衬纸上。如不满100张的,按零头整理的要求,整理好后加贴封签。硬币按面额分类,每10卷扎成一捆,同样加贴封签。不满100枚的零头按币别打卷,并在卷上写明枚数、金额、日期,加盖经手人名章。封包的封签必须写明金额、日期、封包经办人员姓名,并加盖单位公章。另外,要求封包必须露封,便于轧点大数。

采取封包交款办法的,如银行柜台收款员在轧计大数时,当即发现有差错,应立即告知交款人,经交款人当场复点后,在银行设置的"单位交款差错登记簿"上进行登记,并由交款人签章。单位交款人按照复点后的金额重新填制现金送款单。如银行事后清点发现长款或短款,应在封包的封签上注明长款或短款的金额,由银行收款员和收款复核员共同签章,登记"单位交款差错登记簿"和填写错款证明单,并向单位退回长款或收回短款。如银行在清点封包时发现差错金额较大,应保持原封包,及时通知交款单位派人复点,然后按封包协议规定处理。

(2)注意事项。出纳送存现金时的注意事项如图6-9所示。

事项一　凡经整理好准备送存银行的现金,在填好现金送款单后,一般不宜再行调换票面,如确需调换,应重新复点,同时重新填写"银行送款簿"

事项二　交款人最好是现金整理人,这样可以避免发生差错时责任不明

事项三　送存途中必须注意安全,送存金额较大的款项时,最好用专车,并派人护送

事项四　临柜交款时,交款人必须与银行柜台收款员当面交接清点,做到一次交清,不得边清点边交款

事项五　交款人交款时,如遇到柜台较为拥挤,应按次序等候。等候过程中应做到钞票不离手,不能置于柜台之上,以防发生意外

图6-9　出纳送存现金时的注意事项

6.3.4 记账

交款人将现金送存银行并取回现金送款单（回单联）后，出纳员根据回单联填制现金付款凭证，其会计分录如下。

借：银行存款
　　贷：库存现金

如果现金不是由出纳员汇总后送存银行，而是由企业柜台直接送存银行，则应根据现金送款单（回单联）编制银行存款收款凭证，其会计分录如下。

借：银行存款
　　贷：主营业务收入等

特别提示

依据《现金管理暂行条例》及其实施细则的规定，各单位收入的现金必须及时送存银行。对公款私存的，开户银行有权按存入金额的30%～50%进行处罚；对私自坐支的，按坐支金额的10%～30%进行处罚；对单位之间互相借用现金的，按借用额的10%～30%进行处罚；对保留账外公款的，按保留额的10%～30%进行处罚。

6.4 备用金管理

备用金是指付给单位内部各部门或工作人员用于零星开支、零星采购、信贷找零或差旅费用的款项。

6.4.1 备用金的领用

单位内部人员需领用备用金时，一般由经办人填写现金借款单（见表6-4）。借款单据可采用一式三联式凭证：第一联为付款凭证，财务部门作为记账依据；第二联为结算凭证，借款期间由出纳员留存，报销时作为核对依据，报销后随同报销单据作为记账凭证的附件；第三联交借款人员保存，报销时由出纳员签字后作为借款结算及时交回借款的收据。

表6-4 现金借款单

年   月   日

借款人								
借款用途								
金额（大写）	拾	万	仟	佰	拾	元	角	分	¥
总裁意见		领导意见		财务审核		经办部门意见		经办人

注：本单一式三联。第一联：财务部门；第二联：出纳；第三联：借款人。

6.4.2 备用金的报销

备用金报销的处理依企业备用金管理制度的不同而有所区别。备用金管理制度可以分为定额备用金制度和非定额备用金制度两种。

（1）定额备用金。所谓定额备用金是指单位对经常使用备用金的内部各部门或工作人员根据其零星开支、零星采购等的实际需要而核定一个现金数额，并保证其经常保持核定的数额。实行定额备用金制度，使用定额备用金的部门或工作人员应按核定的定额填写借款凭证，一次性领出全部定额现金，用后凭发票等有关凭证报销，出纳员将报销金额补充原定额，从而保证该部门或工作人员经常保持核定的现金定额。只有等到撤销定额备用金或调换经办人时才全部交回备用金。

实行定额备用金的单位，其内部各部门或有关工作人员使用备用金购买货物或用于零星开支后，应将所购买的货物交由仓管员验收入库，凭验收入库单连同发票到财务部门报销，用于其他开支的凭发票或其他原始凭证到财务部门报销。

有关部门或工作人员报销时，会计人员应编制现金付款凭证，出纳员再依据付款凭证将报销的金额用现金补给报销的部门或工作人员。这样，报销后有关部门或工作人员手中的现金又达到了核定的限额。

实例6-1

某公司维修部使用定额备用金制度,金额为3 000元。5月15日用现金购买零配件1 800元,其备用金只剩下1 200元,次日到财务部报销,会计编制付款凭证,出纳员补给现金1 800元,这样维修部的备用金又达到了3 000元。其会计分录如下。

借:管理费用　　　　　　　　　　　　　　　　　1 800
　　贷:库存现金　　　　　　　　　　　　　　　　1 800

如果5月15日维修部购买零配件实际支付了3 500元,由经办人员垫付现金500元,则5月16日报销时,出纳员应付给的现金就是3 500元,维修部备用金在支付给经办人员垫付款500元后又恢复到3 000元。

(2)非定额备用金。非定额备用金是指单位对非经常使用备用金的内部各部门或工作人员,根据每次业务所需备用金的数额填制借款凭证,向出纳员预借现金,使用后凭发票等原始凭证一次性到财务部门报销,多退少补,一次结清,下次再用时重新办理领借手续。

报销时财务部门编制转账凭证,其借方科目与定额备用金报销时相同,其贷方科目则为"其他应收款"科目。对于实际支出额小于预借金额的应编制现金收款凭证,收回多借的现金;对于实际支出大于预借金额的,编制现金付款凭证,补给经办人员垫付的款项。

实例6-2

某公司对行政部采用非定额备用金制度,行政部为购买办公用品预借备用金5 000元,预借时,财务部门根据借款凭证编制现金付款凭证,其会计分录如下。

借:其他应收款——备用金(行政部)　　　　　　5 000
　　贷:库存现金　　　　　　　　　　　　　　　　5 000

行政部购买办公用品3 500元后凭发票和验收入库单到财务部门报销,交回多余现金1 500元,财务部门编制转账凭证一张,其会计分录如下。

借:管理费用　　　　　　　　　　　　　　　　　3 500
　　库存现金　　　　　　　　　　　　　　　　　1 500
　　贷:其他应收款——备用金(行政部)　　　　　5 000

出纳员收回多借的未用现金1 500元。

如果行政部实际购买办公用品5 300元，自己垫付了300元，则在报销时按规定编制转账凭证一张，其会计分录如下。

借：管理费用　　　　　　　　　　　　　　　　　　　5 300
　　贷：其他应收款——备用金（行政部）　　　　　　　5 000
　　　　库存现金　　　　　　　　　　　　　　　　　　　300

出纳员支付给行政部现金300元，用于退还行政部经办人员垫付的现金300元。

6.4.3 备用金保管

（1）备用金收支应设置"备用金"账户，并编制"收、支日报表"送财务部办理。

（2）定期根据取得的发票编制"备用金支出一览表"，及时反映备用金支出情况。

（3）备用金账户应做到逐月结清。

（4）出纳员应妥善保管与备用金相关的各种票据。

6.5 现金清点与清查

每到月末出纳员都要对现金及现金账户进行清点与清查，遇见账实不符的情况要加以处理，如果找到了不符的原因，更应妥善处理。

6.5.1 每日清点现金数量

现金的清点总的来说，是先整理后清点。

（1）按券别分类平摊整理。人民币共有12种，有主币、辅币和纸币、硬币之分。因此，要先按不同的票面进行清分。清分时，票面要平铺开来，有折角的要展开。损伤券要挑出来，断裂的要用纸粘好，不能用大头针、回形针或钉书钉轧钉。

（2）按券别由大到小、按一定的要求（如好、烂、版别等分开）清点张（枚）数。这是第一遍清点，为粗点，还要进行再次清点，为复点。复点核对无误后，将整点完的票币，如为纸币，够100张为一把，够10把为一捆进行捆扎。如为硬币，则按100枚（也可按50枚）为一卷进行包扎。不够把（卷）的为零张（枚），把好、烂票分开，由小到大扎在一起，烂票放在好票上面。

（3）把整点好的捆、把、零张，按券别分别归拢好，然后统计、核对金额。

6.5.2 出纳员每日终了前进行的现金账款核对

出纳员应按券别分别清点其数量，然后加总，即可得出当日现金的实存数。将盘存得出的实存数和账面余额进行核对，看两者是否相符。

如发现有长款或短款，应进一步查明原因，及时进行处理。

（1）长款。经查明长款属于记账错误、丢失单据等，应及时更正错账或补办手续。如属少付他人则应查明退还原主，如果确实无法退还，经过一定审批手续可以作为单位的收益。

（2）短款。对于短款如查明属于记账错误应及时更正错账；如果属于出纳员工作疏忽或业务水平问题，一般应按规定由过失人赔偿。

6.5.3 清查小组的现金盘点、核对

（1）现金清查的方法。现金清查一般采用实地盘点法。

（2）清查的内容。清查的内容主要是检查是否有挪用现金、白条顶库、超限额留存现金，以及账款是否相符等。

（3）现金清查的步骤

① 由出纳员将已办妥现金收付手续的收付款凭证登入现金日记账，并结出现金结余额。

② 审阅现金日记账并同时与现金收付款凭证相核对。

③ 盘点保险柜的现金实存数，同时编制"库存现金盘点表"（见表6-5），分币种、面值列示盘点金额。

表6-5 库存现金盘点表

单位：　　　　　　　　　　　　　　　　　盘点日期：

票面额	张数	金额	票面额	张数	金额
壹佰元			伍角		
伍拾元			壹角		
贰拾元					
拾元					
伍元					
壹元			合计		
加：收入凭证未记账					
减：付出凭证未记账					
加：跨日收入					
加：跨日借条					
调整后实际账面余额					
现金日记账账面余额					
差额					
处理意见：					

部长：　　　　　　　监盘人员：　　　　　　　出纳员：

④ 盘点金额与现金日记账余额进行核对，如有差异，应查明原因，并做出记录或适当调整。

对于现金清查的结果，应编制"库存现金盘点报告单"（见图6-10），注明现金溢缺的金额，并由出纳员和盘点人员签字盖章。

（4）盘点现金应注意的事项。清查小组在盘点现金时，应注意图6-11所示事项。

（5）盘点结果的处理。如果有挪用现金、白条顶库的情况，应及时予以纠正；对于超限额留存的现金要及时送存银行；如果账款不符，应及时查明原因，并将短款或长款记入"待处理财产损益"科目。

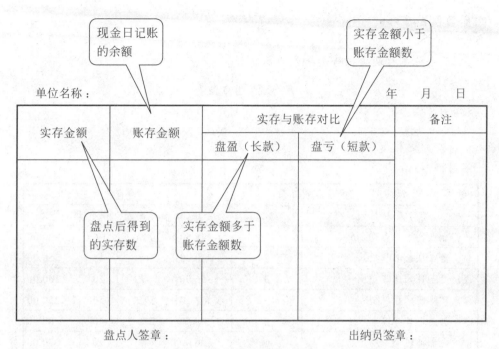

图6-10 库存现金盘点报告单

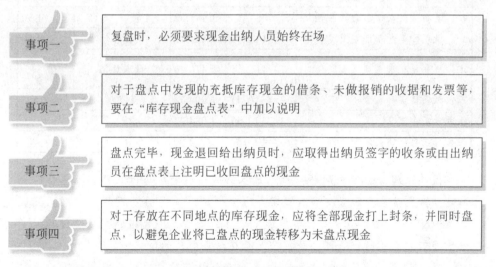

图6-11 盘点现金的注意事项

查明原因后,应分别情况处理:属于记账差错的应及时予以更正,对无法查明原因的长款应记入"营业外收入"科目;对无法查明原因或由于出纳员失职造成的短款应由出纳员赔偿。

实例 6-3

某企业库存现金报告如下表所示。

库存现金盘点表

被审计单位：NL公司　　　　　　　索引号：××
项目：库存现金财务报表　　　　　截止日/期间：2019.12.31
编制：××　　　　　　　　　　　复核：××
日期：2019.01.15　　　　　　　　日期：2019.01.15

检查盘点记录			实有库存现金盘点		
项　目	项次	金额	货币面额	张数	金额
一、盘点日账面库存余额	1	1 244.50	100元	9	900.00
加：盘点日未记账收入	2	2 520.00	50元	15	750.00
减：盘点日未记账支出	3	356.00	10元	20	200.00
盘点日账面库存现金	4=1+2-3	3 408.50	5元	50	250.00
二、盘点日库存现金	5	2 208.50	2元	40	80.00
加：白条抵现金	6	1 200.00	1元	20	20.00
盘点日实际库存现金	7=5+6	3 408.5	5角	10	5.00
三、盘点日应存、实存差额	8=4-7	0.00	2角	10	2.00
四、追溯至报表日账面结存现金	9	1 981.32	1角	15	1.50
加：报表日至盘点日支出现金	10	3 431.82	实盘合计		2 208.50
减：报表日至盘点日收入现金	11	5 476.00	盘点日期		2018年1月15日
五、报表日实存现金	12=4+10-11	1 094.32	盘点人		陈××
报表日实存现金	13=7+10-11	1 094.32	出纳人员		蔡××
报表日应存、实存现金差额	14=12-13	0.00	会计主管		林××

该单位现金管理的问题：盘点日账面库存现金应与盘点日实际库存现金一致；报表日应存现金与报表日实存现金一致，说明NL公司现金管理状况良好。但NL公司存在现金支付不按现金管理制度办理现金报销手续，对两张支出手续不完备的付款凭证给予报销，存在白条抵现的情况。

清查意见：白条抵现应予以纠正，不予以报销。建议公司严格现金核算制度，出纳员根据支付手续完备的凭证予以付款，并序时登记现金日记账，每日结出现金日记账余额，并与库存现金进行核对，发现差异，及时查找。公司财务部门应建立对现金进行定期或不定期盘点的财务制度，对出纳员的现金管理情况进行监督。

第7章

银行结算业务

7.1 支票结算

7.2 银行汇票业务

7.3 银行本票业务

7.4 商业汇票业务

7.5 托收承付结算

7.6 委托收款结算

7.7 汇兑业务

7.8 网上支付结算业务

7.1 支票结算

支票是出票人签发的,委托办理支票存款业务的银行在见票时无条件支付确定的金额给收款人或持票人的票据。

7.1.1 签发支票的要求

支票是存款人签发给收款人从其银行账户内支付款项的票据。支票分为现金支票和转账支票两种。签发支票,应注意以下问题。

（1）要严格做到"九不准"
① 不准更改签发日期。
② 不准更改收款人名称。
③ 不准更改大小写金额。按照《中华人民共和国票据法》规定,支票的金额、日期、收款人名称如更改,即成为无效票据。
④ 不准签发空头支票,即签发超过银行存款账户余额的支票。
⑤ 不准签发远期支票。
⑥ 不准签发空白支票。签发的空白支票即指事先盖好印章的支票。携带该种支票外出,遗失后将造成不应有的经济损失。
⑦ 不准签发有缺陷的支票。

> **相关链接　　　　有缺陷的支票**
>
> 具有以下情况则该支票有缺陷。
> （1）印鉴不符。即支票上的印章与银行预留印鉴不符,或是支票上的印章盖得不全。银行审查出印鉴不符时,除将支票作废退回外,还要按票面金额处以5%但不低于1 000元的罚款。
> （2）戳记用印油而不用印泥的支票,或印章字迹间模糊不清的支票。
> （3）污损支票,即票面破碎、污损,无法辨认或字迹不清的支票。
> （4）账号户名不符,或户名简写的支票。
> （5）更改处未盖预留印鉴的支票。

（6）付款单位已清户的支票。
（7）未填写用途或所填用途不当的支票。
（8）不按规定用碳素墨水或签字笔书写的支票。
（9）购买未经批准的专控商品的支票。
（10）非本行的支票。

⑧ 不准签发用于弄虚作假的支票。签发用途不真实的支票，属套取银行信用行为，银行一经发现，即按违反结算制度给予经济处罚。

⑨ 不准将盖好印鉴的支票存放于他人处让其代为签发，以防形成空头支票或经济诈骗。

（2）要做到要素齐全、内容真实、数字准确、字迹清晰
① 支票要按顺序编号连续签发，不得跳号。
② 日期中的年份要写完整，不得简写，如2018年不得写成18年。
③ 收款人必须写全称，不得写简称，防止户名不符，形成退票。
④ 签发人开户银行名称用刻好的银行小条章（向银行购买支票时盖好）加盖清楚，不要手写（银行会计规范化管理要求）。
⑤ 签发人对本单位账号的填写，最好也用小条章。
⑥ 注意日期、收款人、大小写金额的准确填写，防止签成无效支票。
⑦ 其他更改的地方要加盖预留印鉴，使用印泥。
⑧ 由于现行支票上没有付款单位名称栏目，必须使用预留在银行的印鉴，所以印章一定要清楚。
⑨ 不得用蓝墨水填写。

总之，要遵照银行的规定，不可自以为是。

7.1.2 收到支票的处理

（1）收到现金支票

① 现金支票的种类。现金支票有两种：一种是支票上印有"现金"字样的现金支票，现金支票只能用于支取现金；另一种是未印有"现金"或"转账"字样的普通支票，普通支票可以用于支取现金，也可以用于转账。各单位使用现金支票或普通支票（以下均称现金支票）时，必须按《现金管理暂行条例》中的现金使用范围及有关要求办理。

②收到现金支票的处理。出纳若收到的是现金支票,而且收款人没有写名字,那么你可以在收款人栏目上填写取现人的名字(自己或授权的其他人),并且必须在现金支票的背后填写取现人的姓名及身份证号码,然后到付款人的开户银行去提取现金。不过提现时不能如实写成货款,要写上其他的现金项目如备用金之类的,否则银行可不予提取现金。

> **特别提示**
>
> 现金支票是提取现金的,只有支付需要用现金的款项才填写现金支票,货款的结算应该通过转账才对。

(2)收到转账支票。转账支票是出票人签发的,委托办理支票存款业务的银行在见票时无条件支付确定的金额给收款人或持票人的票据。当企业不用现金支付收款人的款项时,可签发转账支票,自己到开户银行或将转账支票交给收款人到开户银行办理支付款项手续。

①审查支票。出纳员收到付款单位交来的支票后,首先应对支票进行审查,以免收进假支票或无效支票。对支票的审查应包括图7-1所示内容。

1 支票的填写是否清晰,是否用碳素墨水笔填写

2 支票的各项内容是否填写齐全,是否在签发单位盖章处加盖单位印鉴,大小写金额和收款人有无涂改,其他内容如有改动是否加盖了预留银行印鉴

3 支票收款单位是否为本单位

4 支票大小写金额填写是否正确,两者是否相符

5 支票是否在付款期内

6 背书转让的支票其背书是否正确,是否连续

图7-1 对支票的审查内容

② 办理进账。转账支票审核完毕，出纳员应在支票背面被背书栏内加盖本单位财务专用章和法人章（预留银行印鉴），并填写一式两联进账单，连同支票一并送交其开户银行。开户银行审核无误后即可在进账单第一联上加盖"转讫"章退回收款单位。收款单位根据银行盖章退回的进账单第一联编制银行存款收款凭证，其票样如图7-2所示。

图7-2 银行进账单样本

特别提示

若收款单位转账支票背面印章盖模糊了（票据法规定是不能以重新盖章方法来补救的），收款单位可带转账支票及银行进账单到出票单位的开户银行办理收款手续（不用付手续费），俗称"倒打"，这样就不用到出票单位重新开支票了。

实例7-1 ▶▶▶

某公司收到其客户交来的9 280元转账支票后，进行认真审查，审查无误后填制进账单，连同支票一并送开户银行，根据开户银行盖章退回的进账单第一联编制银行存款收款凭证，其会计分录如下。

借：银行存款　　　　　　　　　　　　　　　　　　　　9 280
　　贷：主营业务收入　　　　　　　　　　　　　　　　　　8 000
　　　　应交税费——应交增值税（销项税额）　　　　　　 1 280

7.1.3 签发支票

（1）签发支票的要求

① 必须写明收款单位名称或收款人姓名，并只准收款方或签发单位持票向银行提取现金或办理转账结算，不得将现金支票流通。

② 首先必须查验银行存款是否有足够的余额，签发的支票金额必须在银行存款账户余额以内，不准超出银行存款账户余额签发空头支票。对签发空头支票或印章与银行预留印鉴不符的支票，银行除退票外还要按票面金额处以5%但不低于1 000元的罚款。持票人有权要求出票人赔偿支票金额2%的赔偿金。对屡次签发空白支票的，银行可根据情节给予警告、通报批评，直至停止其向收款人签发支票。

③ 签发现金支票不得低于银行规定的金额起点，起点以下的用库存现金支付。支票金额起点为100元，但结清账户时，可不受其起点限制。

④ 要严格执行支票有效期限的规定。支票付款的有效期限为10天。有效期限从签发支票的次日算起，到期日如遇到节假日可顺延。过期支票作废，银行不予受理。签发支票必须填写当日日期，不得签发远期支票。

⑤ 支票的持票人应当自出票日起10日内提示付款，异地使用的支票，其提示付款的期限由中国人民银行另行规定。超过提示付款期限的，付款人可以不予付款。

（2）支票的填写内容及要求。出纳在填写支票时，应按有关规定认真填写支票中的有关栏目。支票的填写内容及要求如表7-1所示。

表7-1 支票的填写内容及要求

序号	填写内容	具体要求
1	出票的日期（大写）	数字规定必须大写，数字大写的写法是：零、壹、贰、叁、肆、伍、陆、柒、捌、玖、拾。例如：2018年1月1日应写为贰零壹捌年零壹月零壹日；2019年4月15日应写为贰零壹玖年肆月壹拾伍日 （1）壹月、贰月前零字必写，叁月至玖月前零字可写可不写。拾月至拾贰月必须写成壹拾月、壹拾壹月、壹拾贰月（前面多写了"零"字也可以，如零壹拾月） （2）壹日至玖日前零字必写，拾日至拾玖日必须写成壹拾日及壹拾玖日（前面多写了"零"字也认可，如零壹拾伍日，下同），贰拾日至贰拾玖日必须写成贰拾日及贰拾玖日，叁拾日至叁拾壹日必须写成叁拾日及叁拾壹日

续表

序号	填写内容	具体要求
2	付款行名称、出票人账号	即为本单位开户银行名称及银行账号（账号是小写的阿拉伯数字），现在有的银行已经在支票上打印了本单位开户银行名称及银行账号，在这种情况下就不必填写
3	收款人	（1）现金支票收款人可以写成本单位名称，这时现金支票背面"被背书人"栏内加盖本单位的财务专用章和法人章，之后收款人可凭现金支票直接到开户银行领取现金 （2）现金支票收款人可写成收款人个人姓名，此时现金支票背面不盖任何章，收款人在现金支票背面填上身份证号码和发证机关名称，凭身份证和现金支票签字领款 （3）转账支票收款人应填写对方单位名称。转账支票背面本单位不盖章。收款单位取得转账支票后，在支票背面被背书栏内加盖收款单位财务专用章和法人章，填写好银行进账单后连同该支票交给收款单位的开户银行委托银行收款
4	人民币（大写）	大写数字的写法是：零、壹、贰、叁、肆、伍、陆、柒、捌、玖、亿、万、仟、佰、拾。支票填写样式和格式需要注意"万"字不带单人旁
5	用途	（1）现金支票有一定限制，一般填写"备用金""差旅费""工资""劳务费"等 （2）转账支票没有具体规定，可填写如"货款""代理费"等
6	人民币小写	最高金额的前一位空白格填写"￥"字符号，数字填写要求完整清楚。出纳员在填写支票时必须要素齐全、内容真实、数字正确、字迹清晰、不潦草、不错漏，做到标准、规范，防止涂改

特别提示

签发支票应使用碳素墨水笔填写，未按规定填写，被涂改冒领的，由签发人负责。支票日期、大小写金额和收款人不得更改。其他内容如有更改，必须由签发人加盖银行预留印鉴的证明。

支票如果写错不能再用，一定要写上"作废"两字。其票样如图7-3所示。

（3）盖上银行预留印鉴章。支票正面盖财务专用章和法人章（银行预留印鉴章），缺一不可，印泥为红色，印章必须清晰，印章模糊只能将本张支票作废，换一张支票重新填写重新盖章。

图7-3 支票作废的票样

如果企业开的现金支票不是给客户,而是自己去提取现金的话,提现前在背面背书的地方都盖上银行预留印鉴章,出纳员就可以去银行取现了。

> **特别提示**
>
> (1)支票正面不能有涂改的痕迹,否则本支票作废。
> (2)受票人如果发现支票填写不全,可以补记,但不能涂改。
> (3)本支票付款期限10天,就是说从支票开票日开始到第10天这段时间,企业要到银行柜台转账或者支取现金,如果超过了10天此张支票就无效。

(4)签发转账支票并划拨款项。付款单位签发支票直接送开户银行办理款项划拨的,出纳员应填制一式两联进账单,在进账单上,本单位为付款人,对方单位为收款人。填制完后连同转账支票一并送本单位开户银行。银行接到转账支票和进账单后按规定进行审查,审查无误后在支票和两联进账单上加盖"转讫"章,将进账单第一联作为收账通知送收款单位,收款单位根据银行转来的进账单第一联编制银行存款收款凭证。

7.1.4 支票结算方式下银行退票的处理

按照规定,银行对于签发人或收款人提交的现金支票和转账支票必须进行严格的审查,对于付款单位存款数额不足以支付票款(空头支票)或者支票填写不合规定等情况，银行将按规定予以退票。

所谓退票就是指银行认为该支票的款项不能进入收款人账户而将支票退回。银行将出具退票理由书，连同支票和进账单一起退给签发人或收款人。

收款人收到银行退回的支票后，应立即与付款人进行联系，并做出相应的账务处理。

 实例7-2 ▶▶▶

6月15日，某公司收到客户交来的8 500元转账支票后，进行认真审查，审查无误后填制进账单，连同支票一并送开户银行，根据开户银行盖章退回的进账单第一联编制银行存款收款凭证。6月16日，该公司收到银行的退票，理由是对方账户存款不足。对此，出纳员在立即与客户进行交涉的同时，应编制会计分录如下。

借：应收账款　　　　　　　　　　　　　　　　　8 500
　　贷：银行存款　　　　　　　　　　　　　　　　　　8 500

如果银行退票是由于签发人签发空头支票或者签发不规范，比如缺乏印鉴、缺乏密码、账号错误、密码错误、印鉴不符、账户不符等，银行将按规定对签发人给予处罚。付款人据此应编制银行存款付款凭证。

相关链接　　　　　　银行退票的原因

退票一般是由以下原因引起的，所以，出纳员应认真开具和审核支票，按下述原因逐项检查，避免出现退票。

（1）出票人存款不足。
（2）超过出票人的放款批准额度或经费限额。
（3）非用墨汁或碳素墨水笔填写。
（4）金额大小写不全、不清楚、不规范、不一致。
（5）未填写款项用途或用途填写不明。
（6）按照国家规定不能支付或超范围支付的款项。
（7）未填写收款单位或收款人、错填收款单位或收款人。
（8）出票日期已过有效期限。
（9）非即期支票。

（10）支票印鉴不清、不全、空白或不符。
（11）支票内容涂改。
（12）支票皱褶、变形、污损。
（13）出票人已撤销此银行账户。
（14）出票人已申请挂失止付。
（15）非该出票人领用此支票。

7.1.5 怎样办理支票挂失

已经签发的普通支票和现金支票，如因遗失、被盗等原因而丧失的，企业应立即向银行申请挂失。

（1）出票人将已经签发内容齐备的、可以直接支取现金的支票遗失或被盗等，应当出具公函或有关证明，填写两联挂失申请书（可以用进账单代替）（见表7-2），加盖预留银行的签名式样和印鉴，向开户银行申请挂失止付。银行查明该支票确未支付，经收取一定的挂失手续费后受理挂失，在挂失人账户中用红笔注明支票号码及挂失的日期。

表7-2 支票挂失申请书

关于丢失现金支票请予挂失的申请

中国银行××办事处：

  我公司于今日上午开出现金支票一张，号码为00642389，收款人李××（我公司职工），金额××××元，是差旅费借款。李××不慎，在公共汽车上钱包与上述现金支票一起被扒窃，故特申请给予挂失。挂失前由此引起的全部责任由我公司承担，与银行无关，请予以协助为谢。

                    ××××公司
                    ××××年×月×日

（2）收款人将收受的、可以直接支取现金的支票遗失或被盗等，企业也应当出具公函或有关证明，填写两联挂失止付申请书，经付款人签章证明后，到收款人开户银行申请挂失止付。其他有关手续同上。

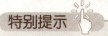

特别提示

根据《中华人民共和国票据法》的相关规定："失票人应当在通知挂失止付后3日内，也可以在票据丧失后，依法向人民法院申请公示催告，或者向人民法院提起诉讼。"即可以背书转让的票据的持票人在票据被盗、遗失或灭失时，须以书面形式向票据支付地（即付款地）的基层人民法院提出公示催告申请。在失票人向人民法院提交的申请书上，应写明票据类别、票面金额、出票人、付款人、背书人等票据主要内容，并说明票据丧失的情形，同时提出有关证据，以证明自己确属丧失的票据的持票人，有权提出申请。

7.1.6 要避免空头支票

避免空头支票一方面要防止自己开出空头支票，另一方面要避免收到空头支票和无效支票。具体要点如图7-4所示。

为避免签发空头支票

出纳员要定期与开户银行核对往来账，了解未达账项情况，准确掌握和控制其银行存款余额，从而为合理地安排生产经营等各项业务提供决策信息

为避免收到空头支票和无效支票

出纳员应严格遵守收受支票的审查制度。为防止发生诈骗和冒领，收款单位一般应规定必须在收到支票×天（如3天、5天）后才能发货，以便有足够的时间将收到的支票提交银行，办妥收账手续。遇节假日相应推后发货时间，以防不法分子利用节假日银行休息无法办理收款手续进行诈骗

图7-4 避免空头支票的要点

7.1.7 支票的背书

出纳员在收到一张支票的时候，如果发现支票只填写了出票日期、金额的大小写和出票单位的财务章和法人印章，收款人栏目处没有填写的话，可以先不要

填写，而是把支票放好，放在不容易皱褶的地方保管好。如果支票的收款人已经写了，而企业又想把支票转让给别的单位委托收款的话那就必须要背书了，不背书钱是转不出来的。

（1）背书的要求。在支票背面的第一次被背书人：应该填写正面的收款人单位名称。比如说支票正面的收款人是某某设备有限公司，那么这张支票它的第一次背书的被背书人就是某某设备有限公司。写完被背书人了，接下来就要盖上被背书人单位的财务章以及法人章。

如果第二次背书的话就要填写被背书人的收款人并盖上财务章和法人章。

如果还有第三、第四次背书的依此类推。

上述所说的盖财务章和法人章务必清晰可见，不得有任何模糊和重影，如果模糊不清银行是不受理的。

现金支票也是可以背书的，但现金支票不能转让。现金支票要求出票人与收款人、背书人为同一人，还有支票背面有背书栏（在支票背面的右边），要加盖银行预留印鉴，尽量别盖出格，也别盖在右边的附加信息栏里。

（2）背书连续。已背书转让的支票，背书应当连续。背书连续是指银行支票第一次背书转让的背书人是票据上记载的收款人，前次背书转让的被背书人是后一次背书转让的背书人，依次前后衔接，最后一次背书转让的被背书人是票据的最后持票人。

支票背书人的常见错误引起背书不连续的情形如图7-5所示。

将被背书人名称写错或写得太简单

将被背书人名称写成了支票背书人名称，似乎是背书人自己对自己转让，另一种是被背书人简写过于简单。企业和银行的名称应当记载全称或者规范化简称。银行在受理票据时，原则上要求企业填写单位全称，尤其是在支票兑现时，而企业却按自身主观臆断，随意填写企业简称或者企业在本地的习惯性简称。这些都造成了票据背书不连续

支票背书日期错误

支票背书日期为任意记载事项，即可以记载，也可以不记载。但是，一些企业在记载背书日期时，出现了不合逻辑的情况。如后手背书人记载的背书日期在前手背书人的背书日期之前，出现明显的逻辑错误，造成背书不连续

情形三 银行支票兑现粘单使用错误

> 票据凭证不能满足背书人记载事项的需要，可以加附粘单，粘附于票据凭证上。粘单上的第一记载人，应当在汇票和粘单的粘接处签章。时常出现不是粘单上的第一记载人签章，而是粘单上第一记载人的前手在签章，造成银行支票背书不连续

图7-5 支票背书人的错误情形

7.2 银行汇票业务

银行汇票是指汇款单位或个人将款项交存银行，由银行签发汇票给收款单位或个人持往外地办理转账或支取现金的结算凭证。

7.2.1 怎样申请银行汇票

（1）内部申请。单位内部供应部门或其他业务部门因业务需要使用银行汇票时，应填写"银行汇票请领单"（见表7-3），具体说明领用银行汇票的部门、经办人、汇款用途、收款单位名称、开户银行、账号等，由请领人签章，并经单位领导审批同意后，由出纳员具体办理银行汇票手续。

表7-3 银行汇票请领单

请领日期： 年 月 日

收款单位			
开户银行		账号	
汇款用途			
汇款金额	人民币（大写）		￥
部门负责人意见：	单位领导审批意见：		请领人签章：

（2）向签发银行提交"银行汇票委托书"。凡是要求使用银行汇票办理结算业务的单位，出纳员应按规定向签发银行提交"银行汇票委托书"，在"银行汇票委托书"上逐项写明以下内容。

① 汇款人名称和账号。
② 收款人名称和账号。
③ 兑付地点、汇款金额。
④ 汇款用途（军工产品可免填）等内容。

出纳员写好以上内容后，应在"汇票委托书"（见表7-4）上加盖汇款人预留银行的印鉴，由银行审查后签发银行汇票。如汇款人未在银行开立存款账户，则可以交存现金办理汇票。

表7-4　中国××银行汇票委托书

申请日期：　　　年　　月　　日

申请人		收款人									
账号或住址		账号或住址									
用途		代理付款行									
汇票金额	人民币（大写）		千	百	十	万	千	百	十	元	角	分
备注		科目（贷） 对方科目（借） 转账日期：　　年　　月　　日									
		复核：　　　　记账：　　　　出纳：									

（3）注意事项

① 汇款人办理银行汇票，能确定收款人的，须详细填明单位、个体经济户名称或个人姓名。确定不了的，应填写汇款人指定人员的姓名。

② 交存现金办理的汇票，需要在汇入银行支取现金的，应在汇票委托书上的"汇款金额"大写栏内先填写"现金"字样，后填写汇款金额。这样，银行可签发现金汇票，以便汇款人在兑付银行支取现金。企事业单位办理的汇票，如需要在兑付银行支取现金的，由兑付银行按照现金管理有关规定审查支付现金。

7.2.2 怎样签发银行汇票

（1）银行签发。签发银行受理"银行汇票委托书"，经过验对"银行汇票委托书"内容和印鉴，并在办妥转账或收妥现金之后，即可向汇款人签发转账或支取现金的银行汇票。对个体经济户和个人需要支取现金的，在汇票"汇款金额"栏先填写"现金"字样，后填写汇款金额，再加盖印章并用压数机压印汇款金额，将汇票和解讫通知交汇款人。

银行汇票的主要内容与支票基本一致，所不同的是上面有表明"银行汇票"的字样，并且有收款人名称。其票样如图7-6所示。

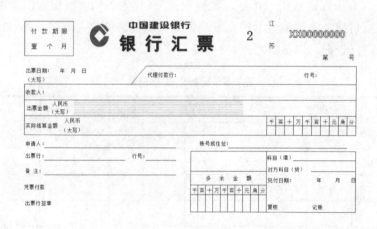

图7-6 银行汇票票样

（2）出纳编制付款凭证。汇款企业出纳员收到签发银行签发的"银行汇票联"和"解讫通知联"后，根据银行盖章退回的"银行汇票委托书"第一联存根联编制银行存款付款凭证。

 实例7-3 ▶▶▶

某公司需要到深圳市采购商品，8月10日向开户银行申请用银行存款办理往深圳市的转账汇票100 000元。根据银行退回的"银行汇票委托书"存根联编制银行存款付款凭证，其会计分录如下。

借：其他货币资金——银行汇票　　　　　100 000
　　贷：银行存款　　　　　　　　　　　　　　100 000

如果汇款单位用现金办理银行汇票，则出纳员在收到银行签发的银行汇票后根据"银行汇票委托书"第一联存根联编制现金付款凭证，其会计分录如下。

借：其他货币现金——银行汇票
　　贷：库存现金

对于银行按规定收取的手续费和邮电费，汇款单位应根据银行出具的收费收据，用现金支付的编制现金付款凭证，从其账户中扣收的编制银行存款付款凭证，其会计分录如下。

借：财务费用
　　贷：库存现金或银行存款

（3）将汇票交与请领人并登记。出纳员在收到银行签发的银行汇票并将其交给请领人，应按规定登记"银行汇票登记簿"（见表7-5），将银行汇票的有关内容，如签发日期、收款单位名称、开户银行、账号、持票人部门、姓名、汇款用途等一一进行登记，以备日后查对。

表7-5　银行汇票登记簿

日期	收款人			持票人		汇款用途	汇款金额	使用日期	实际结算金额	退回多余款
	名称	开户行	账号	部门	姓名					

7.2.3　怎样受理银行汇票

（1）认真审查。收款单位出纳员受理银行汇票时，应该认真审查，审查的内容主要包括方面。

① 收款人或背书人是否确为本单位？
② 银行汇票是否在付款期内，日期、金额等填写是否正确无误？
③ 印章是否清晰，压数机压印的金额是否清晰？
④ 银行汇票和解讫通知是否齐全、相符？
⑤ 汇款人或背书人的证明或证件是否无误，背书人证件上的姓名与其背书是否相符？

（2）办理结算。出纳员审查无误后，在汇款金额以内，要根据实际需要的款项办理结算，并将实际结算金额和多余金额准确、清晰地填入银行汇票和解讫通知的有关栏内。

> **特别提示**
>
> 实际结算金额和多余金额如果填错，应用红线画去全数，在上方重填正确数字并加盖本单位印章，但只限更改一次。

银行汇票的多余金额由签发银行退交汇款人。全额解付的银行汇票，应在"多余金额"栏写上"0"符号。

填写完结算金额和多余金额后，收款人或被背书人将银行汇票和解讫通知同时提交兑付银行，缺少任何一联均为无效，银行将不予受理。

在银行开立账户的收款人或被背书人受理银行汇票后，在汇票背面加盖银行预留印鉴，连同解讫通知和二联进账单送交开户银行办理转账。

将"银行汇票联""解讫通知联"和进账单送其开户银行办理收账手续后，出纳员根据银行退回的进账单第一联（收账通知）所列实际结算金额和发票存根联等原始凭证，编制银行存款收款凭证，其会计分录如下：

借：银行存款
　　贷：主营业务收入等

（3）注意事项

① 未在银行开立账户的收款单位持银行汇票向银行办理收款时，必须交验兑付地有关单位足以证实收款人身份的证明，在银行汇票背面盖章或签字，注明证件名称、号码及发证机关，才能办理有关结算手续。

② 收款单位支取现金的，银行汇票上必须有签发银行按规定填明的"现金"字样才能办理，未填明"现金"字样的，需要支取现金的，按支取现金的有关规定经银行审查同意后办理。

7.2.4 怎样办理银行汇票的背书

背书是指汇票持有人将票据权利转让他人的一种票据行为。其中所谓的票据权利是指票据持有人向票据债务人（主要是指票据的承兑人，有时也指票据的发票人、保证人和背书人）直接请求支付票据中所规定的金额的权利。通过背书转让其权利的人称为背书人，接受经过背书汇票的人就被称为被背书人。由于这种票据权利的转让一般都是在票据的背面（如果记在正面就容易和承兑、保证等其他票据行为混淆）进行的，所以叫作背书。

（1）按照现行规定，银行汇票如果其收款人为个人的，可以经过背书将汇票转让给在银行开户的单位和个人。

（2）如果收款人为单位的，不得背书转让。

（3）汇票必须转让给在银行开户的单位和个人，不能转让给没有在银行开户的单位和个人。

（4）在背书时，背书人必须在银行汇票第二联背面"背书"栏填明其个人身份证件及号码，并签章，同时填明被背书人名称，并填明背书日期，被背书人按规定在汇票有效期内，在"被背书人"一栏签章并填制一式两联进账单后到开户行办理结算，其会计核算办法与一般银行汇票收款人相同。

经过背书的银行汇票结算程序如图7-7所示。

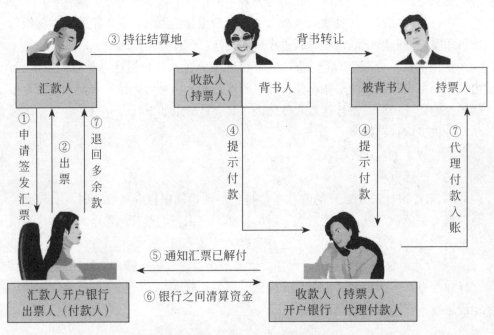

图7-7　经过背书的银行汇票结算程序

7.2.5　银行汇票退款办理

（1）办理退款的手续。汇款单位因汇票超过了付款期限或其他原因没有使用汇票款项时，可以分别情况向签发银行申请退款，具体如图7-8所示。

在银行开立账户的情况

在银行开立账户的汇款单位要求签发银行退款时,应当备函向签发银行说明原因,并将未用的"银行汇票联"和"解讫通知联"交回汇票签发银行办理退款。银行将"银行汇票联""解讫通知联"和银行留存的银行汇票"卡片联"核对无误后办理退款手续,将汇款金额划入汇款单位账户

未在银行开立账户的情况

未在银行开立账户的汇款单位要求签发银行退款时,应将未用的"银行汇票联"和"解讫通知联"交回汇票签发银行,同时向银行交验申请退款单位的有关证件,经银行审核后办理退款

因缺联而不能兑付的情况

汇款单位因"银行汇票联"和"解讫通知联"缺少其中一联而不能在兑付银行办理兑付,向签发银行申请退款时,应将剩余的一联退给汇票签发银行并备函说明短缺其中一联的原因,经签发银行审查同意后办理退款手续

图7-8 不同情况下的申请退款程序

(2) 退款业务的凭证处理。汇款单位办理退款手续,应等到银行转回的银行汇票第四联"多余款收账通知联"后,财务部门才能根据"多余金额"(此多余金额等于原汇款金额),编制银行存款收款凭证。

实例7-4

某公司因故向银行办理退票手续后,6月10日收到银行汇票"多余款收账通知联",列明"多余金额"为100 000元。出纳员据此编制银行存款收款凭证,其会计分录如下。

借:银行存款 100 000
　　贷:其他货币资金——银行汇票 100 000

7.3 银行本票业务

银行本票是申请人将款项交存银行,由银行签发的承诺自己在见票时无条件支付确定的金额给收款人或者持票人的票据。

7.3.1 银行本票的结算程序

银行本票的结算程序如图7-9所示。

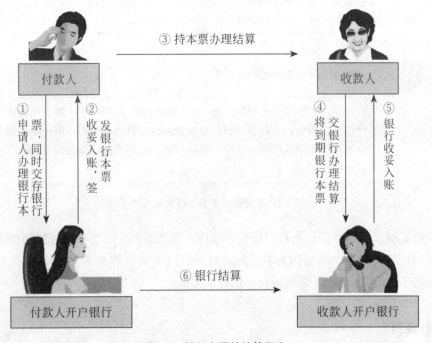

图7-9 银行本票的结算程序

7.3.2 银行本票的分类

银行本票包括定额银行本票和不定额银行本票两种。
(1) 定额银行本票。定额银行本票一式一联,由中国人民银行总行统一规定票面规格、颜色和格式并统一印制。定额银行本票包括500元、1 000元、5 000元和10 000元四种面额。图7-10为面额1 000元的定额银行本票票样。

图7-10 定额1 000元的银行本票

（2）不定额银行本票。不定额银行本票一式两联，一联是签发银行结算本票时做付出传票，另一联由签发银行留存作为结清本票时的传票附件。其具体规格、颜色和格式由中国人民银行各分行在其所辖范围内做统一规定，并由各银行印制。不定额银行本票的票样如图7-11所示。

图7-11 不定额银行本票

7.3.3 银行本票结算规定

使用银行本票结算应遵守的规定如图7-12所示。

规定一　银行本票在指定城市的同城范围内使用

规定二　银行本票的金额起点。不定额银行本票的金额起点为100元，定额银行本票面额为500元、1 000元、5 000元、10 000元

规定三　银行本票的付款期自出票日起最长不超过两个月（不分大月小月，统按次月对日计算，到期日遇到节假日顺延）。逾期的银行本票兑付银行不予受理，但可以在签发银行办理退款

规定四　银行本票一律记名，允许背书转让

规定五　银行本票见票即付，不予挂失。遗失的不定额银行本票在付款期满后一个月内确未被冒领的，可以办理退款手续

图7-12　使用银行本票结算应遵守的规定

7.3.4 怎样办理银行本票

（1）申请。付款单位需要使用银行本票办理结算，应向银行填写一式三联"银行本票申请书"，详细写明收款单位名称等各项内容。如申请人在签发银行开立账户的，应在"银行本票申请书"第二联上加盖银行预留印鉴。个体经济户和个人需要支取现金的应在申请书上注明"现金"字样。"银行本票申请书"的格式由中国人民银行各分行确定和印制，其样本如图7-13所示。

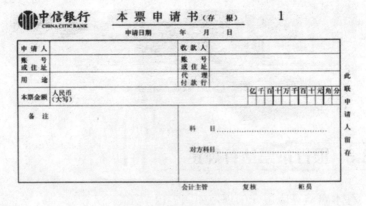

图7-13　银行本票申请书

（2）签发银行本票。签发银行受理"银行本票申请书"后，应认真审查申请书填写的内容是否正确。审查无误后，办理收款手续。付款单位在银行开立账户的，签发银行直接从其账户划拨款项；付款人用现金办理本票的，签发银行直接收取现金。银行按照规定收取办理银行本票的手续费，其收取的办法与票款相同。银行办妥票款和手续费收取手续后，即签发银行本票。

① 定额银行本票的签发。签发银行在签发定额银行本票时，应按照申请书的内容填写收款人名称，并用大写填写签发日期。用于转账的本票须在本票上划去"现金"字样，用于支取现金的须在本票上划去"转账"字样，在银行本票上加盖汇票专用章，连同"银行本票申请书"存根联一并交给申请人。未划去"转账"或"现金"字样的兑付银行将按照转账办理。

② 不定额银行本票的签发。签发银行在签发不定额银行本票时，同样应按照申请书的内容填写收款人名称，并用大写填写签发日期，用于转账的本票须在本票上划去"现金"字样，用于支取现金的本票须在本票上划去"转账"字样，然后在本票第一联上加盖汇票专用章和经办人员、复核人员名章，用总行统一定制的压数机在"人民币大写"栏大写金额后端压印本票金额后，将本票第一联连同"银行本票申请书"存根联一并交给申请人。

付款单位收到银行本票和银行退回的"银行本票申请书"存根联后，根据"银行本票申请书"存根联编制银行存款付款凭证，其会计分录如下。

借：其他货币资金——银行本票
　　贷：银行存款

对于银行按规定收取的办理银行本票手续费，付款单位应当编制银行存款或现金付款凭证，其会计分录如下。

借：财务费用——银行手续费
　　贷：银行存款或库存现金

7.3.5　收受银行本票的处理

（1）收款人受理银行本票时的审查。出纳员接到银行本票时，应审查下列事项。

① 收款人是否确为本单位，本单位的名称是否写全？
② 银行本票是否在提示付款期限内？
③ 必须记载的事项是否齐全？

④ 出票人签章是否符合规定,不定额银行本票是否有压数机压印的出票金额,并与大写出票金额一致?

⑤ 出票金额、出票日期、收款人名称是否更改,更改的其他记载事项是否由原记载人签章证明?

(2) 被背书人受理银行本票时的审查。被背书人受理银行本票时,还应审查下列事项。

① 背书是否连续,背书人签章是否符合规定,背书使用粘单是否按规定签章。

② 背书人为个人的身份证件。

(3) 银行本票的兑付。银行本票见票即付。跨系统银行本票的兑付,持票人开户银行可根据中国人民银行规定的金融机构同业往来利率向出票银行收取利息。不同情况下银行本票的兑付要求如图7-14所示。

  在银行开立存款账户的持票人

在银行开立存款账户的持票人向开户银行提示付款时,应在银行本票背面"持票人向银行提示付款签章"处签章,签章须与银行预留印鉴相同,并将银行本票、进账单送交开户银行。银行审查无误后办理转账

  未在银行开立存款账户的个人持票人

未在银行开立存款账户的个人持票人,凭注明"现金"字样的银行本票向出票银行支取现金的,应在银行本票背面签章,记载本人身份证件名称、号码及发证机关,并交验本人身份证件及其复印件

  委托他人兑付的

持票人对注明"现金"字样的银行本票需要委托他人向出票银行提示付款的,应在银行本票背面"持票人向银行提示付款签章"处签章,记载"委托收款"字样、被委托人姓名和背书日期以及委托人身份证件名称、号码、发证机关。被委托人向出票银行提示付款时,也应在银行本票背面"持票人向银行提示付款签章"处签章,记载证件名称、号码及发证机关,并同时交验委托人和被委托人的身份证件及其复印件

图7-14 不同情况下银行本票的兑付要求

(4) 超过期限兑付的处理

① 持票人。持票人超过提示付款期限不获付款的,在票据权利时效内向出

票银行做出说明，并提供本人身份证件或单位证明，可持银行本票向出票银行请求付款。

② 申请人要求退款。申请人因银行本票超过提示付款期限或其他原因要求退款时，应将银行本票提交到出票银行，申请人为单位的，应出具该单位的证明；申请人为个人的，应出具该本人的身份证件。出票银行对于在本行开立存款账户的申请人，只能将款项转入原申请人账户；对于现金银行本票和未在本行开立存款账户的申请人，才能退付现金。

> **特别提示**
>
> 银行本票丧失，失票人可以凭人民法院出具的其享有票据权利的证明，向出票银行请求付款或退款。

7.3.6 办理银行本票的背书转让

按照规定，银行本票一律记名，允许背书转让。所以，收款人可以将银行本票背书转让给被背书人。背书的工作程序如下。

（1）持有人背书。出纳员在办理银行本票转让时，应在本票背面"背书"栏内背书，加盖本单位预留银行印鉴，注明背书日期，在"被背书人"栏内填写受票单位名称，之后将银行本票直接交给被背书单位，同时向被背书单位交验有关证件，以便被背书单位查验。

（2）被背书单位审查。被背书单位对收到的银行本票应认真进行审查，其审查内容与收款单位审查内容相同。

> **特别提示**
>
> 按照规定，银行本票的背书必须连续，也就是说，银行本票上的任意一个被背书人就是紧随其后的背书人，并连续不断。如果银行本票的签发人在本票的正面注有"不准转让"字样，则该本票不得背书转让；背书人也可以在背书时注明"不准转让"，以禁止本票背书转让后再转让。

（3）收到本票后各种使用情况的会计处理

① 准备背书转让。如果收款单位收到银行本票之后，不准备立即到银行办

理进账手续，而是准备背书转让，用来支付款项或偿还债务，则应在取得银行本票时编制转账凭证，其会计分录如下。

借：其他货币资金——银行本票
贷：主营业务收入（或其他业务收入）
  应交税费——应交增值税（销项税款）

② 用于偿还债务。如果用收到的银行本票偿还债务，则其会计分录如下。

借：应付账款
贷：其他货币资金——银行本票

③ 用于购买物资。付款单位收到银行签发的银行本票后，即可持银行本票向其他单位购买货物，办理货款结算。付款单位可将银行本票直接交给收款单位，然后根据收款单位的发票账单等有关凭证编制转账凭证，其会计分录如下。

借：材料采购（或在途物资）
贷：其他货币资金——银行本票

如果实际购货金额大于银行本票金额，付款单位可以用支票或现金等补齐不足的款项，同时根据有关凭证按照不足款项编制银行存款或现金付款凭证，其会计分录如下。

借：材料采购（或在途物资等）
贷：银行存款（或库存现金）

如果实际购货金额小于银行本票金额，则由收款单位用支票或现金退回多余的款项，付款单位应根据有关凭证，按照退回的多余款项编制银行存款或现金收款凭证，其会计分录如下。

借：银行存款（或库存现金）
贷：其他货币资金——银行本票

7.4 商业汇票业务

商业汇票是由收款人、付款人或承兑申请人签发，由承兑人承兑，并于到期日向收款人或被背书人支付票款的一种票据。按其承兑人的不同，商业汇票可分为商业承兑汇票和银行承兑汇票。

商业汇票结算方式适用于企业先发货、后收款，或者是双方约定近期付款的商品交易，同城和异地均可使用。

7.4.1 商业汇票分类

（1）商业承兑汇票。商业承兑汇票是由银行以外的付款人承兑的票据。商业承兑汇票可以由付款人签发并承兑，也可以由收款人签发交由付款人承兑。商业承兑汇票的付款人为承兑人，其票样如图7-15所示。

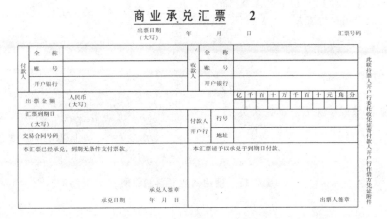

图7-15 商业承兑汇票票样

（2）银行承兑汇票。银行承兑汇票是由出票人签发并由其开户银行承兑的票据。每张票面金额最高为1 000万元（含）。银行承兑汇票按票面金额向承兑申请人收取0.5‰的手续费，不足10元的按10元计。承兑期限最长不超过6个月。承兑申请人在银行承兑汇票到期未付款的，按规定计收逾期罚息。

银行承兑汇票的出票人必须具备图7-16所列条件。

1 在承兑银行开立存款账户的法人以及其他组织

2 与承兑银行具有真实的委托付款关系

3 能提供具有法律效力的购销合同及其增值税专用发票

4 有足够的支付能力、良好的结算记录和结算信誉

5 与银行信贷关系良好，无贷款逾期记录

6 能提供相应的担保，或按要求存入一定比例的保证金

图7-16 银行承兑汇票的出票人必须具备的条件

7.4.2 使用商业汇票的原则

使用商业汇票必须遵守图7-17所示原则。

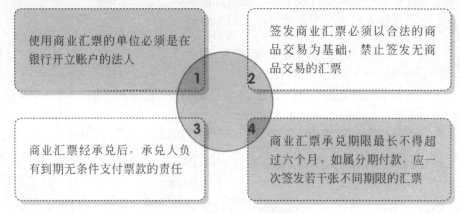

图7-17 使用商业汇票的原则

7.4.3 商业汇票的流转程序

（1）商业承兑汇票的流转程序。商业承兑汇票的流转程序如图7-18所示。

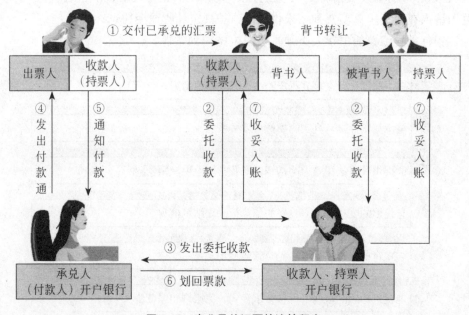

图7-18 商业承兑汇票的流转程序

（2）银行承兑汇票的流转程序。银行承兑汇票的流转程序如图7-19所示。

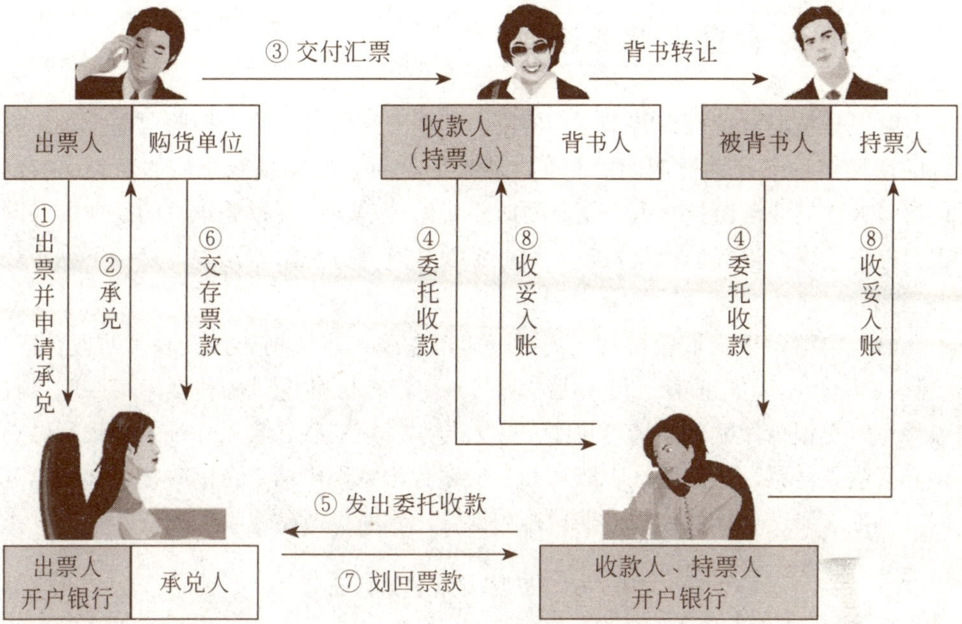

图7-19　银行承兑汇票的流转程序

7.4.4　商业汇票的签发

（1）商业承兑汇票的签发人。商业承兑汇票按照双方协定，可以由付款单位签发，也可以由收款人签发。

（2）签发商业汇票必须记载事项。商业承兑汇票一式三联，第一联为卡片，由承兑人（付款单位）留存，第二联为商业承兑汇票，由收款人开户银行随结算凭证寄付款人开户银行做支付传票附件，第三联为存根联，由签发人存查。签发商业汇票必须记载的事项有以下内容。

① 表明"商业承兑汇票"或"银行承兑汇票"的字样。
② 无条件支付的委托。
③ 确定的金额。
④ 付款人名称。
⑤ 收款人名称。
⑥ 出票日期。
⑦ 出票人签章。

欠缺记载上列事项之一的，商业汇票无效。

7.4.5 商业汇票的贴现

贴现是指汇票持有人将未到期的商业汇票交给银行,银行按照票面金额扣收自贴现日至汇票到期日期间的利息,将票面金额扣除贴现利息后的净额交给汇票持有人。商业汇票持有人在资金暂时不足的情况下,可以凭承兑的商业汇票向银行办理贴现,以提前取得货款。商业汇票持有人办理汇票贴现,应按下列步骤办理。

(1)申请贴现。汇票持有人向银行申请贴现,应填制一式五联"贴现凭证"(见表7-6)。贴现凭证第一联(代申请书)交银行做贴现付出传票,第二联(收入凭证)交银行做贴现申请单位账户收入传票,第三联(收入凭证)交银行做贴现利息收入传票,第四联(收账通知)交银行给贴现申请单位的收账通知,第五联(到期卡)交会计部门按到期日排列保管,到期日做贴现收入凭证。

表7-6 贴现凭证(贷方凭证)

填写日期: 年 月 日 第 号

贴现汇票	种类		号码		申请人	名称										此联银行作贴现申请人账户贷方凭证
	发票日	年 月 日				账号										
	到期日	年 月 日				开户银行										
汇票承兑人(或银行)	名称				账号		开户银行									
汇票金额(即贴现金额)		人民币(大写)					千	百	十	万	千	百	十	元	角	分
贴现率每月 ‰	贴现利息	千	百	十	万	千	百	十	元	角	分	实付贴现金额	千 百 十 万 千 百 十 元 角 分			
备注:							科目(借) 对方科目(贷) 复核: 记账:									

汇票持有单位(即贴现单位)出纳员应根据汇票的内容逐项填写贴现凭证。填完贴现凭证后,在第一联"申请人盖章"处和商业汇票第二联、第三联背后加盖银行预留印鉴,然后一并送交开户银行信贷部门。

开户银行信贷部门按照有关规定对商业汇票及贴现凭证进行审查，重点是审查申请人持有的汇票是否合法，是否在本行开户，汇票联数是否完整，背书是否连续，贴现凭证的填写是否正确，汇票是否在有效期内，承兑银行是否已通知不应贴现以及是否超过本行信贷规模和资金承受能力等。审查无误后在贴现凭证"银行审批"栏签注"同意"字样，并加盖有关人员印章后送银行会计部门。

（2）办理贴现。银行会计部门对银行信贷部门审查的内容进行复核，并审查汇票盖印及压印金额是否真实有效。审查无误后即按规定计算并在贴现凭证上填写贴现率、贴现利息和实付贴现金额。

银行会计部门填写完贴现率、贴现利息和实付贴现金额，将贴现凭证第四联加盖"转讫"章后交给贴现单位作为收账通知，同时将实付贴现金额转入贴现单位账户。贴现单位根据开户银行转回的贴现凭证第四联，按实付贴现金额做银行存款收款凭证，其会计分录如下：

借：银行存款
　　贷：应付票据

同时按贴现利息做转账凭证，其会计分录如下：

借：财务费用
　　贷：应付票据

并在"应收票据登记簿"登记有关贴现情况。

（3）汇票到期。汇票到期，由贴现银行通过付款单位开户银行向付款单位办理清算，收回票款。

对于银行承兑汇票，不管付款单位是否有款偿付或不足偿付，贴现银行都能从承兑银行取得票款，不会再与收款单位发生关系。

对于商业承兑汇票，贴现的汇票到期，如果付款单位有足额支付票款，收款单位应于贴现银行收到票款后将应收票据在备查簿中注销。当付款单位存款不足无力支付到期商业承兑汇票时，按照《支付结算办法》的规定，贴现银行将商业承兑汇票退还给贴现单位，并开出特种转账传票，在其中"转账原因"栏注明"未收到××号汇票款，贴现款已从你账户收取"字样，从贴现单位银行账户直接划转已贴现票款。贴现单位收到银行退回的商业承兑汇票和特种转账传票时，凭特种转账传票编制银行存款付款凭证，其会计分录如下：

借：应收账款
　　贷：银行存款

同时立即向付款单位追索票款。如果贴现单位账户存款也不足时，按照《支付结算办法》的规定，贴现银行将贴现票款转作逾期贷款，退回商业承兑汇票，并开出特种转账传票，在其中"转账原因"栏注明"贴现已转逾期贷款"字样，贴现单位据此编制转账凭证，其会计分录如下。

借：应收账款

　　贷：短期借款

7.5 托收承付结算

托收承付结算是指根据购销合同由收款人发货后委托银行向异地购货单位收取货款，购货单位根据合同核对单证或验货后，向银行承认付款的一种结算方式。

7.5.1 托收

托收是指销货单位（即收款单位）委托其开户银行收取款项的行为。办理托收时，必须具有符合《中华人民共和国合同法》规定的经济合同，并在合同上注明使用托收承付结算方式和遵守“发货结算的原则”。所谓“发货结算”是指收款方按照合同发货，并取得货物发运证明后，方可向开户银行办理托收手续。

托收金额的起点为10 000元。款项划转方式有邮划和电划两种，电划比邮划速度快，托收方可以根据缓急程度选用。其样本如图7-20所示。

托收凭证（借方凭证）　　3

委托日期　　年　　月　　日　　　　付款期限　　年　　月　　日

业务类型	委托收款（□邮划、□电划）　托收承付（□邮划、□电划）				
付款人	全称		收款人	全称	
	账号			账号	
	地址	省　市县　开户行		地址	省　市县　开户行
金额	人民币（大写）				亿 千 百 十 万 千 百 十 元 角 分
款项内容		托收凭据名称		附寄单证张数	
商品发运情况			合同名称号码		
备注： 付款人开户银行收到日期： 年　月　日		收款人开户银行签章 年　月　日		复核：　记账：	

此联付款人开户银行作贷方凭证

图7-20　托收凭证样本

7.5.2 承付

承付是指购货单位(即付款单位)在承付期限内,向银行承认付款的行为。承付方式有两种,即验单承付和验货承付。

(1)验单承付。验单承付是指付款方接到其开户银行转来的承付通知和相关凭证,并与合同核对相符后,就必须承认付款的结算方式。验单承付的承付期为3天,从付款人开户银行发出承付通知的次日算起,遇到节假日顺延。

(2)验货承付。验货承付是指付款单位除了验单外,还要等商品全部运达并验收入库后才承付货款的结算方式。验货承付的承付期为10天,从承运单位发出提货通知的次日算起,遇到节假日顺延。

7.5.3 异地托收承付结算程序

异地托收承付结算的程序如图7-21所示。

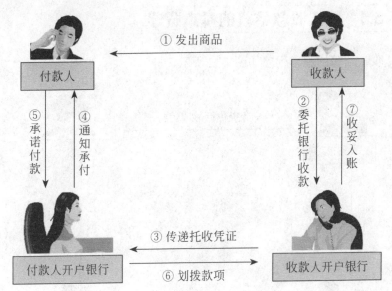

图7-21 异地托收承付结算的程序

7.5.4 对异地托收承付的管理

为对异地托收承付进行有效的管理,出纳员可以将托收事项记录下来(见

表7-7），以便跟踪。

表7-7　异地托收承付付款登记簿

托收单号	收款单位	款项内容	托收金额	承付日期	处理意见		
					承付金额	拒付金额	理由

7.6　委托收款结算

委托收款是收款人委托银行向付款人收取款项的结算方式。

7.6.1　委托收款结算的基本程序

委托收款结算的基本程序如图7-22所示。

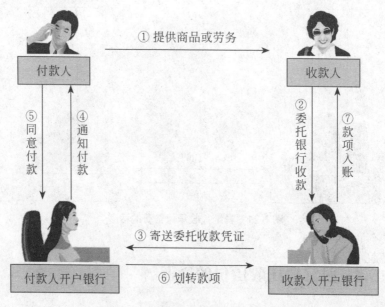

图7-22　委托收款结算的基本程序

7.6.2 如何办理托收

收款人办理委托收款,应向开户银行填写"委托收款凭证"(见表7-8)。认真填写清楚以下事项。

(1) 金额。
(2) 付款人名称。
(3) 收款人名称。
(4) 委托收款凭据名称及附寄单证张数。
(5) 委托日期。
(6) 收款人印章。

表7-8 委托收款凭证(回单)

委电------------------------------1 委托号码:

委托日期: 年 月 日

付款人	全称		收款人	全称										此联收款人开户行给收款人的回单
	账号或地址			账号										
	开户银行			开户银行			行号							
委托金额	人民币 (大写)				千	百	十	万	千	百	十	元	角	分
款项金额		委托收款凭据名称		附寄单证张数										
备注 电划		款项收妥日期 年 月 日		科目(借) 对方科目(贷) 复核: 记账:										

收款单位财务部门根据银行盖章退回的委托收款凭证第一联和发票等有关原始凭证按照有关业务性质编制有关记账凭证。如企业销售产品在办妥委托收款手续后应根据有关凭证编制转账凭证。

实例7-5

A公司向B公司销售商品180 000元，采用委托收款方式结算，并用现金支付手续费3元。财务部门在办妥委托收款手续后，根据银行盖章退回的委托收款凭证第一联和发票等原始凭证编制转账凭证，其会计分录如下。

借：应收账款——A公司　　　　　　　　　　180 000.00
　贷：主营业务收入　　　　　　　　　　　　153 846.15
　　　应交税费——应交增值税（销项税额）　 26 153.85

对于银行按规定收取的手续费，应根据收据凭证编制现金付款凭证，其会计分录如下。

借：财务费用　　　　　　　　　　　　　　　3
　贷：库存现金　　　　　　　　　　　　　　3

7.6.3　怎样办理付款手续

付款人开户银行接到收款人开户银行寄来的委托收款凭证，经审查无误，应及时通知付款人。

（1）接通知后审查。付款人接到通知和有关附件后，应认真进行审查。审查的内容主要包括以下三项。

① 委托收款凭证是否应由本单位受理。

② 凭证内容和所附的有关单证填写是否齐全正确。

③ 委托收款金额和实际应付金额是否一致，承付期限是否到期。

（2）付款。付款人审查无误后，应在规定的付款期内付款。付款期为3天，从付款人开户银行发出付款通知的次日算起（付款期内遇节假日顺延），付款人在付款期内未向银行提出异议，银行视作同意付款，并在付款期满的次日（遇到节假日顺延）上午银行开始营业时，将款项主动划给收款入。如在付款期满前，付款人通知银行提前付款，应即办理划款。付款人审查付款通知和有关单证，发现有明显的计算错误，应该多付款项时，可由出纳员填制一式四联"多付款理由书"（可以"拒绝付款理由书"替代），于付款期满前交开户银行将多付款项一并划给收款单位。银行审查同意后，将多付款项连同委收金额划转给收款单位，同时将"多付款理由书"第一联加盖"转讫"章后做付款通知交给收款单位。

实例 7-6

A公司采用委托收款方式购买B公司商品180 000元（含税价，税率为16%），根据银行转来的委托收款凭证第五联及有关单证，编制银行存款付款凭证，其会计分录如下。

借：材料采购　　　　　　　　　　　　　　　155 172.41
　　应交税费——应交增值税（进项税额）　　24 827.59
　　贷：银行存款　　　　　　　　　　　　　　180 000.00

实例 7-7

A公司采用委托收款方式购买B公司某产品，委托收款凭证注明委收金额40 000元，因A公司需要补充购买该产品10 000元，故要求办理多付款手续。财务部门根据委托收款凭证第五联和有关单证编制银行存款付款凭证，其会计分录如下。

借：材料采购　　　　　　　　　　　　　　　34 482.76
　　应交税费——应交增值税（进项税额）　　5 517.24
　　贷：银行存款　　　　　　　　　　　　　　40 000.00

同时根据委托收款凭证第五联和银行盖章退回的"多付款理由书"第一联编制银行存款付款凭证，其会计分录如下。

借：预付账款——B公司　　　　　　　　　　10 000
　　贷：银行存款　　　　　　　　　　　　　　10 000

收到B公司的发票账单等凭证时，A公司应做如下会计分录。

借：材料采购　　　　　　　　　　　　　　　8 620.69
　　应交税费——应交增值税（进项税额）　　1 379.31
　　贷：预付账款——B公司　　　　　　　　　10 000

7.6.4　办理拒付手续及核算

（1）办理拒付手续。付款单位审查有关单证后，认为所发货物的品种、规格、质量等与双方签订的合同不符或者因其他原因对收款单位委托收取的款项需要全部或部分拒绝付款的，应在付款期内出具"委托收款结算全部或部分拒绝付款理由书"(以下简称"拒绝付款理由书")(见图7-23),连同开户银行转来的有关单证送开户银行。

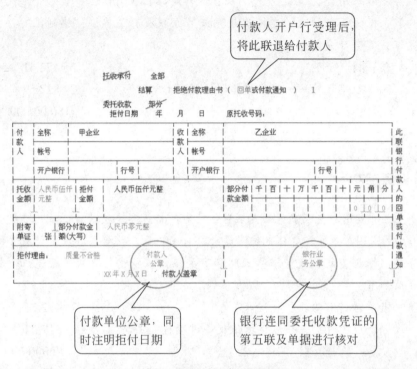

图7-23 拒绝付款理由书的票样

出纳员在填写"拒绝付款理由书"时,除认真填写收款单位的名称、账号、开户银行,付款单位的名称、账号、开户银行,委托收款金额,附寄单证张数等外,对于全部拒付的,"拒付金额"栏填写委托收款金额,"部分付款金额"栏的大小写都为零,并具体说明全部拒绝付款的理由;若部分拒付的,"拒付金额"栏填写实际拒绝付款金额,"部分付款金额"栏填写委托收款金额减去拒绝付款金额后的余额,即付款单位实际支付的款项金额,并具体说明部分拒付的理由,出具拒绝付款部分商品清单。填完后,在"付款人盖章"处加盖本单位公章,并注明拒付日期。

按照规定,银行对收到付款单位的"拒绝付款理由书"连同委托收款凭证第五联及所附有关单证,不审查拒绝付款理由,只对有关内容进行核对,核对无误即办理有关手续。实行部分拒付的,将部分付款款项划给收款单位,在"拒绝付款理由书"第一联上加盖业务专用章退还给付款单位,将"拒绝付款理由书"第四联寄给收款单位开户银行由其转交收款单位。

（2）账务处理

① 全部拒绝付款的。付款单位收到银行盖章退回的"拒绝付款理由书"第一联后，全部拒绝付款的，由于未引起资金增减变动，因而不必编制会计凭证和登记账簿，只需将"拒绝付款理由书"妥善保管以备查，并在"委托收款登记簿"上登记全部拒付的情况。

② 拒绝付款时，对方发出的货物已收到。如果拒绝付款时，对方发出的货物已收到，则应在"代管物资登记簿"中详细登记拒绝付款物资的有关情况。对于部分拒绝付款的，应当根据银行盖章退回的"拒绝付款理由书"第一联，按照实际部分付款金额编制银行存款付款凭证，其会计分录和全部付款会计分录相同。

实例7-8

S公司收到开户银行转来T公司的委托收款凭证及有关单证后，经过审查只承付其中的100 000元，对其余80 000元拒绝付款。按规定填写"拒绝付款理由书"并送银行办理有关手续后，根据银行盖章退回的"拒绝付款理由书"第一联编制银行存款付款凭证，其会计分录如下。

借：材料采购　　　　　　　　　　　　　　　　86 206.90
　　应交税费——应交增值税（进项税额）　　　13 793.10
　　贷：银行存款　　　　　　　　　　　　　　　　　　100 000.00

收款单位收到开户银行转来的付款单位的委托收款凭证第四联和"拒绝付款理由书"第四联（如部分拒付的还附有拒付部分商品清单及有关单证），应立即与付款单位取得联系，协商解决方法。对于全部拒付的，如果由付款方退回所购货物，收款单位应编制转账凭证，冲减原有销售收入，其会计分录如下。

借：主营业务收入或其他业务收入
　　应交税费——应交增值税（销项税额）
　　贷：应收账款

如果经过协商由收款单位用其他产品或商品替换原产品或商品，或者给予对方一定的销售折扣，则收款单位重新办理委托收款手续，可以冲减原有的销售收入，然后按照新的委托收款凭证重新进行会计处理，也可以在原有销售收入的基础上进行会计处理。比如经过协商，收款方同意给予对方额外的销售折扣，则收款方重新办理委托收款手续，收款方可以冲销原有的销售收入，然后按照新的委托收款凭证编制转账凭证，确定销售收入。

实例7-9

T公司采用委托收款方式向S公司销售商品180 000元，S公司以商品品种不符合要求予以全部拒付，经过协商，T公司同意给予S公司20%的销售折让，T公司重新办理委托收款手续。这时T公司首先应根据"拒绝付款理由书"等有关凭证编制转账凭证，冲销原有销售收入，然后按新的委托收款凭证重新确定销售收入。冲销时，T公司应做如下会计分录。

　　借：主营业务收入　　　　　　　　　　　　　155 172.41
　　　　应交税费——应交增值税（销项税额）　　 24 827.59
　　　贷：应收账款——S公司　　　　　　　　　　180 000.00

按照新的委托收款凭证确定销售收入，其会计分录如下。

　　借：应收账款——S公司（180 000-180 000×20%）144 000.00
　　　贷：主营业务收入　　　　　　　　　　　　　124 137.93
　　　　　应交税费——应交增值税（销项税额）　　 19 862.07

实际收到款项时，按实际收到的金额编制银行存款收款凭证，其会计分录如下。

　　借：银行存款　　　　　　　　　　　　　　　144 000
　　　贷：应收账款——S公司　　　　　　　　　　144 000

对于部分拒付的，应于实际收到付款单位所付部分款项时，编制银行存款收款凭证，其会计分录如下。

　　借：银行存款
　　　贷：应收账款——××单位

对方拒付后退回拒付部分货物的，应编制转账凭证，冲销拒付部分销售收入，其会计分录如下。

　　借：主营业务收入或其他业务收入
　　　　应交税费——应交增值税（销项税额）
　　　贷：应收账款——××单位

如果经过协商，对于拒付部分给予销售折让的，可重新办理委托收款手续，其处理方法与全部拒付相同。

7.6.5 委托收款结算方式下无款支付时如何处理

（1）委托收款结算方式下无款支付时的处理方式。付款人在付款期满日营业终了前，如无足够资金支付全部款项，即为无款支付，银行会于次日上午开始营业时，通知付款人将有关单证（单证已做账务处理的，付款人可以填制"应付款项证明单"，见表7-9）在两天内退回开户银行。银行将有关结算凭证连同单证或"应付款项证明单"退回收款人开户银行转交收款人。

表7-9　应付款项证明单

年　　月　　日　　　　　　　　第　号

收款人名称		付款人名称	
单证名称		单证编号	
单证日期		单证内容	
单证未退回原因			
我单位应付款项	人民币（大写）		
付款人盖章：			

注：此单一式两联。第一联通过银行转交收款人作为应收款项的凭据，第二联付款人留存作为应付款项的凭据。

付款单位出纳员应认真逐项填制收款人名称、付款人名称、单证名称、单证编号、单证日期、单证内容等项目，并在"单证未退回原因"栏内注明单证未退回的具体原因，如单证已做账务处理、已经部分付款等，同时在"我单位应付款项"栏大写应付给收款单位的款项金额，如确实无款支付则应付金额等于委托收款金额，如已部分付款则应付金额等于委托收款金额减去已付款项金额之余额，并在付款人盖章处加盖本单位公章。

银行审查无误后，将委托收款凭证连同有关单证或"应付款项证明单"退回收款单位开户银行转交给收款单位。

（2）委托收款结算方式下无款支付时的会计分录。如果无款支付而所购货物已经收到，则付款单位财务部门应编制有关转账凭证，其会计分录如下。

借：材料采购或在途物资等
　　贷：应付账款——××单位

如果付款单位银行账户内存款不足但已支付部分款项，则财务部门应按照已付款金额编制银行存款付款凭证，其会计分录如下。

借：材料采购或在途物资等
　　贷：银行存款
同时按未付款金额编制转账凭证，其会计分录如下。
借：材料采购或在途物资等
　　贷：应付账款——××单位

实例7-10 ▶▶▶

S公司采用委托收款方式向T公司购买商品180 000元，付款期满，S公司账户内无款支付，而所购商品已经收到，则S公司财务部门应编制转账凭证，其会计分录如下。

借：材料采购　　　　　　　　　　　　　　　　　155 172.41
　　应交税费——应交增值税（进项税额）　　　　 24 827.59
　　贷：应付账款——T公司　　　　　　　　　　　180 000.00

实例7-11 ▶▶▶

S公司采用委托收款方式向T公司购买某产品，委托收款凭证金额40 000元，付款期满，其银行账户内只有存款28 000元，已经划付，尚欠12 000元，按规定填制"应付款项证明单"，送开户银行转收款单位，财务部门应按照已付款金额编制银行存款付款凭证，其会计分录如下。

借：材料采购　　　　　　　　　　　　　　　　　 24 137.93
　　应交税费——应交增值税（进项税额）　　　　　 3 862.07
　　贷：银行存款　　　　　　　　　　　　　　　　 28 000.00

同时按照未付款金额编制转账凭证，其会计分录如下。

借：材料采购　　　　　　　　　　　　　　　　　 10 344.83
　　应交税费——应交增值税（进项税额）　　　　　 1 655.17
　　贷：应付账款——T公司　　　　　　　　　　　 12 000.00

按照规定，付款人逾期不退回单证或"应付款项证明单"的，开户银行按照委托收款金额自发出通知的第3天起，每天收取0.5‰但不低于5元的罚款，并暂停付款人委托银行向外办理结算业务，直到退回单证为止。付款单位按规定支付罚款时，应编制银行存款付款凭证，其会计分录如下。

借：营业外支出
　　贷：银行存款

收款单位收到开户银行转来的委托收款凭证及有关单证和无款支付通知书后应立即与付款单位取得联系，协商解决办法。对于部分付款的应于收到款项时按照实际收到金额编制银行存款收款凭证，对未付款部分暂保留在应收账款中；如无款支付，也可暂时保留在应收账款中，留待进一步解决。

7.7 汇兑业务

汇兑，通常称为企业的汇款，主要是通过银行进行，一般也称为银行汇款。

汇兑就是企业（汇款人）委托银行将其款项支付给收款人的结算方式。这种方式便于汇款人向异地的收款人主动付款，适用范围十分广泛。

7.7.1 汇兑结算程序

汇兑结算程序如图7-24所示。

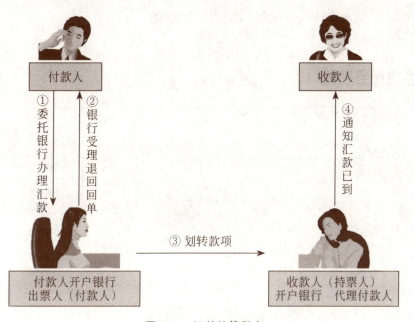

图7-24　汇兑结算程序

7.7.2 汇兑的方式选择

汇兑一般分为信汇和电汇两种，信汇是以邮寄方式将汇款凭证转给外地收款人指定的汇入行；而电汇则是以电报方式将汇款凭证转发给收款人指定的汇入行。一般来说，电汇的速度要比信汇的速度快，收费要稍贵一点。两者的样本如图7-25、图7-26所示。

××银行　　信汇凭证（回　单）　　1

委托日期　　年　　月　　日

汇款人	全称		收款人	全称	
	账号			账号	
	汇出地点	省　市/县		汇入地点	省　市/县
汇出行名称			汇入行名称		
金额	人民币（大写）				亿 千 百 十 万 千 百 十 元 角 分
汇出行签章			支付密码		
			附加信息及用途： 复核　记账		

此联汇出行给汇款人的回单

图7-25　信汇凭证样本

中国建设银行 China Construction Bank

电　汇　凭　证

币别：　　年　　月　　日　　凭证编号：04180800

汇款方式		□普通　□加急			
汇款人	全称		收款人	全称	
	账号			账号	
	汇出行名称			汇入行名称	
金额	（大写）				亿 千 百 十 万 千 百 十 元 角 分
			支付密码：		
			附加信息及用途：		
			此汇款支付给收款人。 客户签章：		

会计主管：　授权：　复核：　录入：

第一联　银行记账凭证

图7-26　电汇凭证样本

7.7.3 出纳怎样办理汇兑

根据《支付结算办法》的规定，企业出纳员办理汇兑必须填写汇兑凭证，一定要填写以下事项。

（1）表明"信汇"或"电汇"的字样。
（2）无条件支付的委托。
（3）确定的金额。
（4）收款人名称。
（5）汇款人名称。
（6）汇入地点、汇入行名称。
（7）汇出地点、汇出行名称。
（8）委托日期。
（9）汇款人签章。

凡汇兑凭证上欠缺上述汇款事项之一的，银行不予受理。汇兑凭证记载的汇款人名称、收款人名称，其在银行开立存款账户的，必须记载其账号。欠缺记载的，银行不予受理。

同时，如果收款人为个人的，收款人需要到汇入银行领取汇款，汇款人就应在汇兑凭证上注明"留行待取"字样；留行待取的汇款，需要指定单位的收款人领取汇款的，应注明收款人单位名称，信汇凭收款人签章支取的，应在信汇凭证上预留其签章。

汇款人和收款人均为个人的，必须在汇入银行支取现金的，应在信汇及电汇凭证上的"金额"大写栏先填写"现金"字样，后填写汇款金额。

7.7.4 汇出行受理委托

汇出行受理委托后，主要对企业的汇兑凭证进行审查。其审查内容主要有以下几项。

（1）汇兑凭证填写的各项内容是否齐全、正确。
（2）汇款人账户是否有足够支付的金额。
（3）汇款人的印章是否与银行预留印鉴相符合。

其中审查重点在第（2）项。

审查无误后，银行会给企业签发"汇款回单"表明银行已受理汇款委托。剩下的工作，就是汇入行收到汇款后，向收款企业办理支付手续。

7.7.5 汇兑结算方式下怎样办理退汇

(1) 汇款人要求退汇。汇款人因故对汇出的款项要求退汇，如果汇款是直接汇给收款单位的存款账户入账的，退汇由汇出单位自行联系，银行不予介入。

如果汇款不是直接汇往收款单位存款账户入账的，由汇款单位备公函或持本人身份证件连同原信汇、电汇凭证回单交汇出行申请退汇，由汇出银行通知汇入银行，经汇入银行查实汇款确未解付，方可办理退汇；如果汇入银行接到退汇通知前汇款已经解付收款人账户或被支取，则由汇款人与收款人自行联系退款手续。

(2) 汇款被拒收的退汇。如果汇款被收款单位拒绝接受，由汇入银行立即办理退汇。

汇款超过两个月，收款人尚未来汇入银行办理取款手续，或在规定期限内汇入银行已寄出通知但由于收款人地址迁移或其他原因，致使该笔汇款无人受领时，汇入银行主动办理退汇。

汇款单位收到汇出银行寄发的注有"汇款退回已代进账"字样的退汇通知书第四联（适用于汇款人申请退汇），或者由汇入银行加盖"退汇"字样，汇出银行加盖"转讫"章的特种转账贷方凭证（适用于银行主动退汇）后，即表明汇款已退回本单位账户。财务部门即可据此编制银行存款收款凭证，其会计分录则与汇出时银行存款付款凭证的会计分录相反。

7.8 网上支付结算业务

网上支付是电子支付的一种形式，它是通过第三方提供的与银行之间的支付接口进行的即时支付方式，这种方式的好处在于可以直接把资金从用户的银行卡中转账到网站账户中，汇款马上到账，不需要人工确认。客户和商家之间可采用信用卡、电子钱包、电子支票和电子现金等多种电子支付方式进行网上支付，采用在网上电子支付的方式节省了交易的开销。

7.8.1 网上支付方式

(1) 网银支付。直接通过登录网上银行进行支付的方式。要求：开通网上银行之后才能进行网银支付,可实现银联在线支付、信用卡网上支付等,这种支付方式是直接从银行卡支付的。

(2)第三方支付。第三方支付本身集成了多种支付方式,流程如下。

① 将网银中的钱充值到第三方。

② 在用户支付的时候通过第三方中存款进行支付。

③ 花费手续费进行提现。

第三方的支付手段是多样的,包括移动支付和固定电话支付。

最常用的第三方支付是支付宝、财付通、环迅支付、易宝支付、快钱、网银在线,其中作为独立网商或有支付业务的网站而言,最常选择的不外乎支付宝、环迅支付、易宝支付、快钱这四家。

7.8.2 网银支付流程

网银付款流程如图7-27所示。

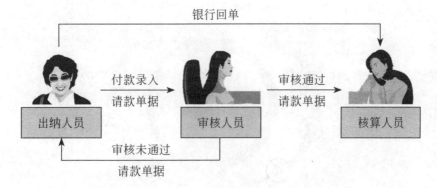

图7-27 网银付款流程

(1)经办人员将已完成所有审批手续的支付款项请款单据,交与出纳人员。

(2)出纳人员根据上述请款单据,登录网银,做付款录入。

(3)录入提交完毕后,出纳人员将本次付款的请款单据交与审核人员。

(4)审核人员根据请款单据对所需支付款项逐一审核、授权并支付。

(5)审核人员将审核通过的请款单据交与核算人员,未通过的交与出纳人员。

(6)出纳人员对未通过审核的付款单据再次进行付款录入、提交。

(7)出纳人员打印付款回单,交与核算人员。

(8)核算人员根据银行回单和请款单据进行账务处理。

7.8.3 支付宝结算

（1）了解支付宝。支付宝（中国）网络技术有限公司（以下简称支付宝公司）是国内领先的第三方支付平台，致力于提供"简单、安全、快速"的支付解决方案。旗下有"支付宝"与"支付宝钱包"两个独立品牌。自2014年第二季度开始，支付宝公司成为当前全球最大的移动支付厂商。

支付宝主要提供支付及理财服务，包括网购担保交易、网络支付、转账、信用卡还款、手机充值、水电煤缴费、个人理财等多个领域。在支付宝公司进入移动支付领域后，为零售百货、电影院线、连锁商超和出租车等多个行业提供服务，还推出了余额宝等理财服务。

支付宝与国内外180多家银行以及VISA、MasterCard国际组织等机构建立战略合作关系，成为金融机构在电子支付领域最为信任的合作伙伴。

（2）支付分类。支付宝支付主要分为八类，如图7-28所示。

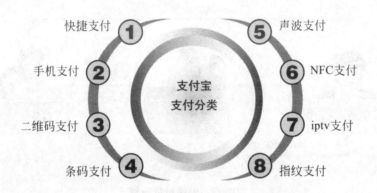

图7-28　支付宝支付分类

① 快捷支付。快捷支付是指支付机构与银行合作直连，形成一种高效、安全、专用（消费）的支付方式。在推出快捷支付之前，大部分网络支付借由网络银行完成，但网络银行存在支付成功率低、安全性低等固有问题。此外，除了大银行之外，在国内1 000多家银行中仍有大量城镇银行未提供网络银行服务。

快捷支付解决了上述问题，支付成功率达到95%，高于网络银行的65%左右；快捷支付用户资金由支付宝及合作保险公司承保，若出现资金损失可获得赔偿。

2010年12月，中国银行与支付宝推出第一张信用卡快捷支付。

② 手机支付。从2008年开始，支付宝介入手机支付业务，2009年推出首个独立移动支付客户端，2013年初更名为"支付宝钱包"，并于2013年10月成为与"支付宝"并行的独立品牌。用户下载安装"支付宝钱包"，使用支付宝账号登录就能使用。

自2013年第二季度开始，"支付宝钱包"用户数、支付笔数均超过PayPal，成为全球最大平台，这一优势仍在不断得到强化。

③ 二维码支付。2010年10月，支付宝推出国内首个二维码支付技术，帮助电商从线上向线下延伸发展空间。

使用方式：用户在"支付宝钱包"内，点击"扫一扫"，对准二维码按照提示就能完成。

④ 条码支付。2011年7月1日，支付宝在广州发布条码支付（BarcodePay），适合便利店等场景使用。使用时，用户在"支付宝钱包"内点击"付款码"，收银员使用条码枪扫描该条码，完成付款。

⑤ 声波支付。2013年4月12日，支付宝与合作方青岛易触联合推出全球首个声波售货机。市面尚无同类支付技术商用。

使用方式：用户在支持声波支付的售货机等场景下，选择商品，然后在"支付宝钱包"内点击"当面付"，按照提示完成支付。

⑥ NFC支付。2012年7月31日，支付宝推出利用NFC、LBS等技术的新客户端。随后这一技术方案得到进一步改进。

2014年4月28日，支付宝钱包8.1版支持NFC功能，用户可以用于向北京公交一卡通进行充值。

使用方式：将公交卡等放置在具有NFC功能的安卓手机后，即可查询公交卡余额以及进行充值。

值得注意的是，支付宝移动支付均为远程在线支付方案，NFC在当中的作用为"近场握手、远程支付"，与统称的NFC略有差异。

⑦ iptv支付。2012年3月29日，华数传媒与支付宝推出互联网电视支付，实现3秒支付。

使用方式：注册成为华数传媒会员，并关注服务窗号。使用"支付宝钱包"扫描电视上的二维码，完成支付。

⑧ 指纹支付。2014年7月16日，移动支付平台"支付宝钱包"宣布试水指纹支付服务。"支付宝钱包"用户在三星智能手机GALAXY S5上已能使用这一服务。这是国内首次在智能手机上开展的指纹支付尝试，此举不仅给用户带来更安全、更便捷的支付体验，而且也意味着国内移动支付产业从数字密码时代跨入生物识别时代。

（3）企业选择支付宝结算的原因。对于企业而言，选择支付宝结算有四个原因，如图7-29所示。

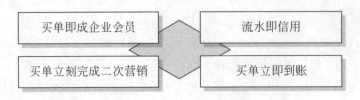

图7-29　企业选择支付宝结算的原因

① 买单即成企业会员。顾客只要通过支付宝钱包买单，立刻就成为企业的会员，企业的信息立刻保存到顾客的手机中。支付宝平台自带会员管理系统，方便企业掌握会员数据，分析会员消费习惯，制定会员营销方案。

② 买单立刻完成二次营销。顾客只要通过支付宝钱包买单，企业就可以将优惠券、抵值券、红包发送到顾客的手机中，引导顾客下次来店消费使用。支付宝平台自带营销管理系统，方便企业自己定制优惠活动，不再依赖其他平台。

③ 买单立即到账。顾客只要通过支付宝钱包买单，资金立刻进入企业的支付宝钱包，当天就可提现至银行卡。

④ 流水即信用。根据企业的支付宝流水，为企业提升信用。

7.8.4　微信结算

（1）了解微信支付。微信支付是集成在微信客户端的支付功能，用户可以通过手机完成快速的支付流程。微信支付以绑定银行卡的快捷支付为基础，向用户提供安全、快捷、高效的支付服务。

用户只需在微信中关联一张银行卡，并完成身份认证，即可将装有微信APP的智能手机变成一个全能钱包，之后即可购买合作商户的商品及服务，用户在支付时只需在自己的智能手机上输入密码，无须任何刷卡步骤即可完成支付，整个过程简便流畅。

目前微信支付已实现刷卡支付、扫码支付、公众号支付、APP支付，并提供企业红包、代金券、立减优惠等营销新工具，满足用户及商户的不同支付场景。

目前微信支付支持的手机系统有：iOS、Android和WP（Windows Phone）。

微信支付方式有四类，如图7-30所示。

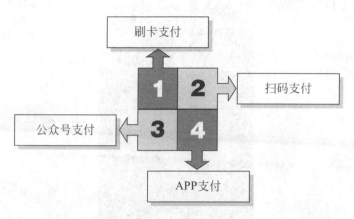

图7-30 微信支付方式

① 刷卡支付。刷卡支付即用户打开微信钱包的付款界面,企业扫码后完成支付。如图7-31、图7-32、图7-33、图7-34所示。

② 扫码支付。用户使用"扫一扫"扫描商户的二维码进行支付。如图7-35、图7-36所示。

图7-31 微信钱包　　　图7-32 付款界面　　　图7-33 输入密码确认支付

| 图7-34 支付成功 | 图7-35 扫描二维码 | 图7-36 确认支付页面 |

③ 公众号支付。用户通过消息或扫描二维码在微信内打开网页时，可以调用微信支付完成下单购买的流程。

④ APP支付。适用于商户在移动端APP中集成微信支付功能。商户APP调用微信提供的SDK调用微信支付模块，商户APP会跳转到微信中完成支付，支付完后跳回到商户APP内，最后展示支付结果。

（2）如何绑定银行卡。在微信支付上绑定银行卡需要进行如下操作，如图7-37、图7-38、图7-39、图7-40所示。

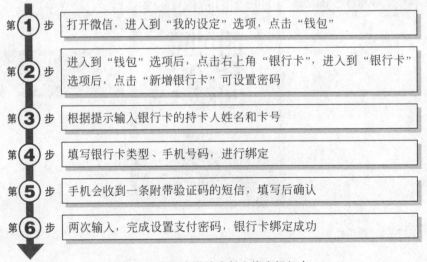

图7-37 如何在微信支付上绑定银行卡

图7-38 钱包选项

图7-39 银行卡选项

图7-40 新增银行卡选项

(3) 企业接入流程

① 公众号开通微信支付流程。微信支付（商户功能），是公众平台向有出售物品需求的公众号提供推广销售、支付收款、经营分析的整套解决方案。商户通过自定义菜单、关键字回复等方式向订阅用户推送商品消息，用户可在微信公众号中完成选购支付流程。商户也可以把商品网页生成二维码，张贴在线下的场景，如车站和广告海报。用户扫描后可打开商品详情，在微信中直接购买。

a. 申请条件/申请资格。申请成为公众号支付的商户必须满足两个条件，如图7-41所示。

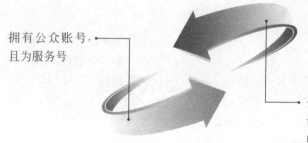

图7-41 微信支付申请资格

b. 申请具体流程。微信支付申请具体流程如图7-42所示。

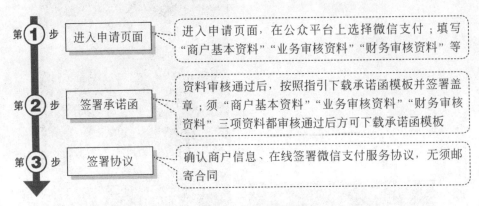

图7-42　微信支付申请具体流程

c. 注意事项。在微信支付的申请过程中，需要注意以下事项，如图7-43所示。

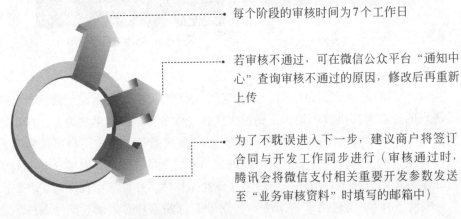

图7-43　申请微信支付时的注意事项

② APP开通微信支付流程。APP开通微信支付有三个流程，如图7-44所示。

图7-44　APP开通微信支付流程

③ 线下实体商户接入微信支付的条件。线下实体商户可通过微信支付服务商直接申请，所需条件有两个，如图7-45所示。

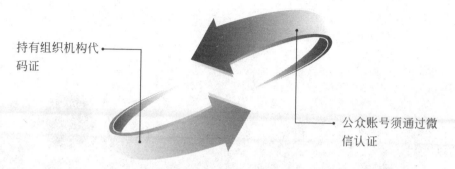

图7-45　线下实体商户接入微信支付的条件

7.8.5　微信、支付宝结算账务处理

微信和支付宝转账可以计入其他货币资金科目，下设微信和支付宝二级明细科目。

具体账务处理如下。

（1）微信或支付宝转账购买办公用品

　　借：管理费用——办公费

　　　　贷：其他货币资金——微信或其他货币资金——支付宝

（2）微信或支付宝收到销售款

　　借：其他货币资金——微信或其他货币资金——支付宝

　　　　贷：主营业务收入

　　　　　　应交税费——应交增值税（销项税额）

（3）支付宝提现

　　借：银行存款

　　　　贷：其他货币资金——微信或其他货币资金——支付宝

第 8 章

其他出纳业务

8.1 出纳票据的管理

8.2 保险柜的使用与管理

8.3 出纳业务涉及印章的管理

8.4 会计凭证的装订与管理

8.5 出纳工作的交接

8.1 出纳票据的管理

8.1.1 支票的管理

（1）支票的购买。企业开立基本存款账户后便可以在开户银行购买现金支票和转账支票。出纳员去购买支票时，需要带上以下资料。

① 在银行预留的印鉴（法人章和财务章）。

② 在银行填一份支票申购单，一般情况下到开户行对公窗口说购买支票，银行会给你凭证购买单（不同的银行可能给的单子名称稍有差别，有的银行会在企业开户的时候将这类单据直接寄送给单位）。总之，出纳员需要将其填好，并加盖预留印鉴。

③ 购买支票专用证。购买支票专用证是在首次购买支票时由银行发给办理支票的人员的凭据。专用证的办理方式：开户单位申请办理专用证时，应填写"购买空白重要凭证登记簿"（在登记簿上注明领用日期、存款人名称、支票号码以备核查），且须加盖单位公章及银行预留印鉴。开户单位将填写好的登记簿、持证人身份证及一张一寸免冠照片送开户行办理领证手续。

④ 购买支票的工本费、手续费每家银行都略有不同，购买支票时所产生的工本费及手续费通常由银行从公司账户里扣除。

⑤ 身份证。

当然，每家银行的规定会有所差别，出纳人员在办理之前最好先咨询清楚，以免给自己的工作带来不便。

（2）支票的使用申请。支票的使用必须填写"支票领用单"（见表8-1），由经办人、部门经理、财务经理、总经理（计外部分）签字后方可由出纳开出。

（3）空白支票的保管。支票是一种支付凭证，一旦填写了有关的内容，并加盖预留在银行的印鉴后，即可直接从银行提取现金，或与其他单位进行结算。因此，存有空白支票的单位，对空白支票必须严格管理。对空白支票的保管主要应当注意以下几个方面。

① 贯彻票、印分管原则，即空白支票和印章应分别指定专人负责保管，不得由同一人负责保管。

表 8-1　支票领用单

申请人			部门	
用途		备用金		
支票金额				
支票种类			使用日期	
支票领用用途：				
审批栏				
申请人（出纳）签字		财务主管审核		总经理审批
确认栏				
会计签字		出纳签收		支票号码

②单位撤销、合并、结清账户时，应将剩余的空白支票填列一式两联清单，全部交回银行注销。清单一联由银行盖章后退交收款人，另一联作为清户传票附件。

③对事先不能确定采购物资的单价、金额的，经单位领导批准，可将填明收款人名称和签发日期的支票交采购人员，明确用途和款项限额，使用支票的人员回单位后必须及时向财务部门结算。

④设置"空白支票签发登记簿"，经单位领导批准，出纳员签发空白支票后，应在"空白支票签发登记簿"（见表 8-2）加以登记。

表 8-2　空白支票签发登记簿

领用日期	支票号码	领用人员	用途	收款单位	限额	批准人	销号日期	备注

（4）支票收款、支票转让、支票报废的管理。出纳员不应只重视空白支票的管理，也应重视对从外单位收受的支票的管理与保管，宜建立支票收款登记簿、支票转让登记簿、支票作废登记簿等，如表8-3、表8-4和表8-5所示。

表8-3　支票收款登记簿

序号	支票号	出票银行	出票人	面值	支付经济业务

表8-4　支票转让登记簿

序号	支票号	出票银行	出票日期	出票人或背书人及日期	被背书人及日期	面值

表8-5　支票作废登记簿

序号	支票号	出票日期	作废原因	面值

8.1.2 发票的管理

(1) 发票的领购及使用流程。发票的领购及使用流程通常如图8-1所示。

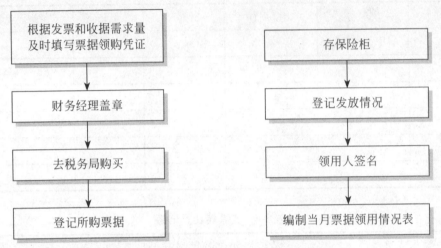

图8-1 发票的领购及使用流程

(2) 新办企业发票的申领。新办企业纳税人，需要先到办税大厅办理"发票领购验销登记簿"和办理购票员手续。发票领购时，企业需向主管税务机关报送"发票领购验销登记簿"、载有统一社会信用代码的营业执照和经办人有效身份证件。企业需领购增值税发票或机动车销售统一发票时，除报送上述资料外，还需提供税控设备（即金税盘、税控盘或者报税盘）。

(3) 发票的验旧购新要求。验旧购新是指用票人必须在交验原领购且已使用过的发票存根，经主管税务机关审核无误后，才能领购新发票。另外，交旧购新是指用票人在购买发票时，应将手中原领购且已使用完的发票存根上交主管税务机关，方可领购新发票。

目前，许多地方的发票可以在网上先验旧，然后再持规定的资料、证件去税务大厅购买新发票。所以，出纳员应掌握网上发票验旧的操作方法。具体操作方法可到所在地区的税务局网站下载相应的培训课件学习。

(4) 发票的开具管理。开具发票应当按照规定的时限、顺序、栏目，全部联次一次性如实开具，并加盖发票专用章。开具发票时不得有下列虚开发票行为。

① 为他人、为自己开具与实际经营业务情况不符的发票。

② 让他人为自己开具与实际经营业务情况不符的发票。

出纳员在收款工作中开发票时，必须填写"发票开具清单"，如表8-6所示。

表8-6 发票开具清单

号码	开具日期	付款单位	开具金额	经手人	收款日期	废票/退票/错票	备注

（5）发票的保管

① 空白发票的保管。空白发票必须由专人负责保管，存放在独立的位置，按要求配置安全设置。

纳税人购领回的空白发票以下个月或一个季度的用量为宜，需用时，向税务机关验旧购新。对购领回的发票要设专柜，指定专人进行管理，以确保发票的安全。

空白发票不得带出单位使用，不得转借、赠送或买卖；作废的发票应加盖"作废"戳记，并连同存根一起保管，不得撕毁、丢失。

另外，出纳员对每月的发票领用情况要列表登记，如表8-7所示。

表8-7 当月发票领用情况表

序号	发票号	开票日期	客户单位	开票金额	领票人	领票日期
合计						

② 发票存根的保管。已使用过的发票存根应妥善保管，时间为5年。在保管期间，任何单位和个人都不得私自销毁，还须设专柜，分期、分种类放置，并向税务机关报送发票存根。

③ 作废发票的保管。作废发票多种多样，对不同的作废发票，应当分别采取不同的管理办法，如图8-2所示。

开具发票过程中出现的作废发票的管理

对由于开票人员工作失误或其他原因开错的发票，应当在发票上加盖"作废"戳记，新开具发票，不得在开错的发票上涂改。开错的"作废"发票必须全部联次妥善保管，粘贴在原发票存根上，不得私自销毁，以备查核

政策调整或变化造成作废发票的管理

税务机关实行发票统一换版或政策变化以后，一般规定一个过渡期，在过渡期内，新旧发票可以同时使用，到期后，旧版发票全部作废，由税务机关组织全面清理和收缴

图8-2 作废发票的保管办法

（6）丢失发票的处理。根据《中华人民共和国发票管理办法实施细则》中的相关规定：使用发票的单位和个人应当妥善保管发票。发生发票丢失情形时，应当于发现丢失当日书面报告税务机关，并登报声明作废。

丢失发票的情况分为三种：发票未开出就丢失、发票已开出但未认证时丢失、发票已开出且已认证时丢失，以下介绍这三种丢失情况的处理办法。

① 发票未开出就丢失

a.应于事发当日书面报告税务机关，报告内容包括专用发票份数、字轨号码、盖章与否等情况。

b.在相关报纸上刊登"遗失声明"。

c.使用防伪税控系统开票的一般纳税人，还应持IC卡到税务机关办理电子发票退回手续。

② 发票已开出但未认证时丢失。这种情形下又分为三种情况，不同情况的处理方式如表8-8所示。

表8-8 发票已开出但未认证时丢失的处理方式

序号	情况		处理方式
1	丢失发票联		（1）使用专用发票抵扣联到主管税务机关（正常）认证 （2）将专用发票抵扣联作为记账凭证 （3）用专用发票抵扣联复印件留存备查
2	丢失抵扣联		（1）使用专用发票的发票联到主管税务机关（正常）认证 （2）将专用发票的发票联作为记账凭证 （3）用专用发票的发票联复印件留存备查
3	丢失发票联和抵扣联	购买方	（1）购买凭销售方提供的相应专用发票记账联复印件到主管税务机关进行认证 （2）销售方所在地主管税务机关出具"丢失增值税专用发票已报税证明单" （3）认证相符的凭该专用发票记账联复印件及销售方所在地主管税务机关出具的"丢失增值税专用发票已报税证明单"，经购买方主管税务机关审核同意后，可作为增值税进项税额的抵扣凭证
		开票方	（1）提供发票复印件 （2）开票方税务局开具"丢失增值税专用发票已报税证明单" （3）将两者交由收票方主管税务机关审核，同意后，才可作为增值税进项税额的抵扣凭证

③ 发票已开出且已认证时丢失。这种情形下分为下列三种情况，不同情况的处理方式如表8-9所示。

表8-9 发票已开出且已认证时丢失的处理方式

序号	情况	处理方式
1	丢失发票联	（1）使用专用发票抵扣联做记账凭证 （2）使用专用发票抵扣联复印件留存备查
2	丢失抵扣联	使用专用发票的发票联复印件留存备查
3	丢失发票联和抵扣联	（1）开票方需要复印发票复印件，并由开票方税务局开具"丢失增值税专用发票已报税证明单" （2）由收票方主管税务机关审核同意后，才可作为增值税进项税额的抵扣凭证

8.1.3 有价证券的保管

有价证券是指具有一定票面价格，能够给其持有人定期带来收入的所有权或债权凭证。企业持有的有价证券是企业资产的一个组成部分，具有与现金相同的性质和价值。

（1）有价证券的类别。企业拥有的有价证券通常包括国库券、特种国债、国家重点建设债券、地方债券、金融债券、企业债券和股票等。从广义上说，有价证券还包括汇票、支票、提货单等。

（2）有价证券的保管要求。由于有价证券能够变现，具有与现金相同的性质和价值，所以，企业持有的有价证券必须由出纳员按照与货币资金相同的要求进行管理，如图8-3所示。

要求一　实行账证分管

账证分管就是指由会计部门管账、出纳部门管证，这样可以互相牵制、互相核对

要求二　按货币资金的管理要求进行管理

有价证券的变现能力很强，具有与现金相同的性质和价值。所以，企业持有的有价证券（包括记名的和不记名的）必须由出纳员按照与货币资金相同的要求进行管理。有价证券除法人认购的股票外，一般是不记名的，所以在保管上难度较大。出纳员有保管现金的经验，并具有保护其安全的客观条件，因此是保管企业有价证券的最佳人选。有价证券必须由出纳员分类整齐地摆放在保险柜内保管，切忌由经办人自行保管。此外，还要随时或定期进行抽查与盘点。出纳员对自己保管的各种有价证券的面额和号码应保守秘密

要求三　专设出纳账进行详细核算

出纳员对自己负责保管的各种有价证券，要专设出纳账进行详细核算，并由总账会计的总分类账进行控制。如设置"长期股权投资——股票投资（××企业）""长期债权投资——债券投资（××食品）"等长期投资明细账，在总账"长期股权投资"和"长期债权投资"的控制下，由出纳员进行登记，并定期出具收、付、存报告单。出纳部门的有价证券明细账要按证券种类分设户头，所记金额应与总账会计相一致，当账面金额与证券面值不一致时，应在摘要栏内注明证券的批次、面值和张数。必要时，还可以设置辅助登记簿进行补充登记

第 8 章 其他出纳业务

要求四 非出纳员使用有价证券

当业务人员提取有价证券时,出纳员应要求其办理类似现金借据的正规手续,以此作为支付凭证。业务办理完毕后,业务人员应交还有价证券,并由出纳员在借据上加盖注销章后退还出具人

要求五 核对有关部门公布的中签号码

按中签号码还本付息,或中签号码与证券持有人有其他关联时,业务经办人和出纳保管人应注意经常核对有关部门公布的中签号码

要求六 建立有价证券购销明细表

为了及时掌握各种证券的到期时间,出纳员可以通过编制"有价证券购销明细表"来避免失误,"有价证券购销明细表"详细标明各种有价证券的购入与到期时间;也可以通过同时按证券种类和批次设置明细账并在摘要栏注明到期日的办法,来提供有价证券的购销时间

图8-3 有价证券的保管要求

有价证券购销明细表如表8-10所示。

表8-10 有价证券购销明细表

发行年度	期次	面额	利率	张数	号码		合计金额	兑换日期			兑换本息		
					起	止		年	月	日	本金	利息	合计

8.1.4 商业汇票的管理

有的企业，使用商业汇票结算的业务比较多，最好建立"应付票据登记簿"和"应收票据登记簿"，以对每一笔应付票据和应收票据业务进行详细登记，以便到期时及时结清货款和到期时及时收回款项。

（1）应收票据的管理。

① 应收票据管理的基本要求。应收票据管理的基本要求如图8-4所示。

企业应设专人（通常是出纳员）保管应收票据，且保管人员不得经办会计记录

对已贴现的票据应在备查簿中登记，以便日后追踪管理

对于即将到期的应收票据，应及时向付款人提出付款

企业应设置"应收票据备查簿"，出纳员收到应收票据时应该逐笔登记每一张应收票据的种类、号数和出票日期、票面金额、交易合同号，以及付款人、承兑人、背书人的姓名或单位名称、到期日期和利率、贴现日期、贴现率和贴现净额、收款日期和收回金额等资料，应收票据到期结清票款后，应在"应收票据备查簿"内逐笔注销

图8-4　应收票据管理的基本要求

② 收到应收票据后的出纳作业

a.出纳员收到的票据应视同现金予以保管，未经授权，任何人员不得接触。

b.出纳员将收到的票据记入"应收票据登记表"（见表8-11），同时对票据的真实性进行鉴定，发现问题应立即通知经办人员与客户联系处理。

c.出纳员收到票据后，无论是否贴现或背书，均需将相关单据交给经办会计制作记账凭证。

d.如果是银行承兑汇票，应在收到票据后一个工作日内将汇票送往承兑行进行查询和鉴定，发现有问题应立即通知经办人员与客户联系处理。

e.审计室就应收票据实物与应收票据登记表每年进行不少于六次的不定期盘点和检查，并填写"应收票据盘点表"（见表8-12）；若有差异，则需查出原因，以防丢失。

表8-11　应收票据登记表

收票日期	票据基本情况					承兑人名称	背书人名称	贴现	承兑	转让		经办人（签章）	备注
	票据号	出票人名称	出票日	到期日	票面金额					日期	被背书人名称		

表8-12　应收票据盘点表

单位名称：　　　　　　　　　票据盘点情况：

序号	出票日期	票据种类	出票单位	前手单位	到期日	金额	备注

盘点日期：　　　　　　　　监盘人：　　　　　　　　盘点人：

③ 应收票据兑现的主要作业

a. 应收票据到期后，由出纳员到银行负责兑现。

b. 应收票据兑现后出纳员将"应收票据登记表"的资料更新，并将相关单据交给经办会计制作记账凭证。

④ 应收票据贴现的主要作业

a. 应收票据在未到期之前，公司若因资金需求，可到银行办理申请贴现业务。

b. 应收票据贴现，由总会计师通知出纳员到银行负责贴现。

c. 应收票据贴现后，出纳员将"应收票据登记表"的内容更新，并将相关单据交给经办会计制作记账凭证。

⑤ 应收票据背书转让的主要作业

a. 应收票据在未到期之前，公司若因资金需求，可办理背书转让业务。

b. 应收票据背书转让，由总会计师通知出纳员办理。

c.应收票据背书转让后,出纳员将"应收票据登记表"的内容更新,并将相关单据交给经办会计制作记账凭证。

(2)应付票据的管理。应付票据是指企业根据合同进行延期付款交易而采用商业汇票结算时,签发、承兑的保证货款到期支付的商业汇票。

① 应付票据的具体管理措施。企业对应付票据的具体管理措施如下。

a.票据的签发由两个或两个以上人员批准。

b.设置"应付票据登记簿"(见表8-13)。票据登记人员不得兼管票据的签发。

c.由专人控制空白的、作废的、已付讫退回的票据。

d.由不从事票据记录的人员负责定期付账。

e.由专人复核票据利息的核算。

f.应付票据要依号保存。

g.签发票据要定期与订货单、验收单、发票核对。

表8-13 应付票据登记簿

序号	票据种类	出票行	号数	签发日期	到期日	票面金额	合同号	收款单位	付款日期	付款金额	领用人

② 应付票据开立的主要作业

a.总会计师决定使用商业承兑汇票支付相关款项,并确定金额及期限后,出纳员应根据批示开具相应的商业承兑汇票。

b.出纳员将开立的票据记入"应付票据登记簿",应该详细登记每一张应付票据的种类、号数、签发日期、到期日、票面金额、合同号、收款人姓名或单位名称,以及付款日期和付款金额等详细资料。

c.申请人领用应付票据时必须在"应付票据登记簿"上签名备查,且应付票据领用人与付款申请单上的申请人必须为同一人。

d.出纳员开立应付票据后,将相关的单据交给经办会计制作记账凭证。

③ 应付票据到期的主要作业。应付票据到期的主要作业如图8-5所示。

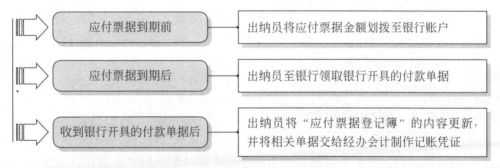

图 8-5 应付票据到期的主要作业

8.2 保险柜的使用与管理

各单位通常都配备有专用保险柜,专门存放现金、各种有价证券、银行票据、印章及其他出纳票据。

8.2.1 保险柜的管理

保险柜一般由总会计师或财务处(科、股)处长授权,由出纳员负责管理使用。

8.2.2 保险柜钥匙的配备

保险柜要配备两把钥匙,一把由出纳员保管,供出纳员日常工作开启使用;另一把交由相关部门,如有的企业由保卫部门封存,有的企业则由单位总会计师或财务处(科、股)处长负责保管,以备特殊情况下经有关领导批准后开启使用。出纳员不能将保险柜钥匙交由他人代为保管。

8.2.3 保险柜的开启

保险柜只能由出纳员开启使用,非出纳员不得开启保险柜。如果单位总会计师或财务处(科、股)处长需要对出纳员的工作进行检查,例如检查库存现金限额、核对实际库存现金数额，或者有其他特殊情况需要开启保险柜的，应按规定的程序由总会计师或财务处（科、股）处长开启，在一般情况下不得任意开启由出纳员掌管使用的保险柜。

8.2.4 财物的保管

每日终了后，出纳员应将其使用的空白支票（包括现金支票和转账支票）、银钱收据、印章等放入保险柜内。保险柜内存放的现金应设置和登记现金日记账，其他有价证券、存折、票据等应按种类造册登记，贵重物品应按种类设置备查簿登记其质量、重量、金额等，所有财物应与账簿记录核对相符。按规定，保险柜内不得存放私人财物。

8.2.5 保险柜密码

出纳员应将自己保管使用的保险柜密码严格保密，不得向他人泄露，以防为他人利用。出纳员调动岗位，新出纳员应更换使用新的密码。

8.2.6 保险柜的维护

保险柜应放置在隐蔽、干燥之处，注意通风、防湿、防潮、防虫和防鼠；保险柜外要经常擦干净，保险柜内财物应保持整洁卫生、存放整齐。一旦保险柜发生故障，应到公安机关指定的维修点进行修理，以防泄密或失盗。

8.2.7 保险柜被盗的处理

出纳员发现保险柜被盗后应保护好现场，迅速报告公安机关或保卫部门，待公安机关勘查现场后才能清理财物被盗情况。节假日满两天以上或出纳员离开两天以上没有派人代其工作的，应在保险柜锁孔处贴上封条，出纳员到位工作时揭封。如发现封条被撕掉或锁孔处被弄坏，也应迅速向公安机关或保卫部门报告，以使公安机关或保卫部门及时查清情况，防止不法分子进一步作案。

8.3 出纳业务涉及印章的管理

作为一名出纳人员，在工作中经常会遇见印章和印鉴。对于公司来说，印章和印鉴很重要，出纳人员要保管好。以下分享印章、印鉴的管理知识。

8.3.1 出纳应熟悉的印章

作为出纳员，应该熟悉企业内的以下印章。
（1）公章。
（2）合同章。
（3）财务章。
（4）法人私章。
（5）发票专用章。
（6）会计专用章，包括银行付讫、银行收讫、结清、作废、现金付讫、现金收讫、上月结余、小计、累计、转账、承前页、过次页等。

8.3.2 印章的管理

出纳员使用的印章必须妥善保管，严格按照规定的用途使用，不得将印章随意存放或带出工作单位。用于签发支票的各种预留银行印鉴应由主管会计人员或其他指定人员保管，不能由出纳员一人保管。

8.3.3 印章的使用

（1）出纳在什么情况下要盖财务章。出纳在以下情况下要盖财务章。
① 所有的收款单据。
② 用银行存款付款的、需交付银行据以办理的自填凭单（支票、汇票委托书等）。
③ 自制付款单据（工资表、差旅费结算单等）。

④ 由财务出具的证明。

⑤ 电汇时需要盖财务章，支票上应该盖财务章。

（2）专用发票。在税务局办理了领用发票资格后，税务部门会要求其刻制"发票专用章"，此章限于开发票使用，发票章上有纳税人识别号，可以查询这张发票是不是该企业开具的。

（3）会计专用章。会计专用章一般都用红印泥，只有科目用蓝印泥，比如记账凭证上的科目你不用手写就可以盖科目章，还有总账/明细账上的科目、日期也可以不用手写就盖章。

8.3.4 印章遗失或需要更换银行预留印鉴的处理

企业如果发生印章遗失或需要更换预留银行印鉴，出纳人员应向银行办理相关手续。

（1）办理印鉴变更的手续。开户单位应向开户银行提出申请，填写"印鉴变更申请书"（见表8-14），与证明情况的公函一并交银行审核，经银行同意后，在银行发给的新印鉴卡的背面加盖原预留银行印鉴，在正面加盖新更换的印鉴，与银行约定新印鉴的启用日期（见表8-15）。

表8-14　印鉴变更申请书

印鉴变更申请书
××银行××分理处（支行） 　　您好！由于公司内部调整，需要先变更银行印鉴。签字人申请由×××变更为××××，望银行协助办理。 　　　　　　　　　　　　　　　　　　　　　　　公司名称：××× 　　　　　　　　　　　　　　　　　　　　　　　日期：××××年××月××日

表8-15　更换印鉴申请书

更换印鉴申请书
我户在你行开立＿＿＿＿＿＿＿账户，现拟更换印鉴。兹将印鉴附盖正页自＿＿＿＿＿年＿＿＿＿月＿＿＿＿日起启用，请将前送印鉴注销为荷。

如果不是本人去的话，就加上一句"特派员工×××身份证号为××××××××××××××××××前去办理，望贵行予以协助"等的话。

（2）办理印鉴变更所需资料。开户单位因更换公章而变更预留印鉴需向开户银行提交如下资料。

① 提交单位含有统一社会信用代码的营业执照及法人身份证复印件。

② 新公章、财务章、法人章及由公安局出具的新刻章证明原件及复印件。

③ 承接刻章单位的刻章证明原件。

④ 由法人或者单位负责人直接办理的，还应出示其身份证；授权他人办理的，应出具经法人或者单位负责人签章的授权书、身份证件及经办人的身份证件。

8.4 会计凭证的装订与管理

根据财政部《会计基础工作规范》第五十五条的规定，记账凭证登记完毕后，应当按照分类和编号顺序进行保管，不得散乱或丢失。为此，必须对会计凭证进行装订，对于记账凭证，应当连同所附的原始凭证或者原始凭证汇总表，按照编号顺序折叠整齐；按期装订成册，加具封面，在封面上编好卷号，并在明显处标明凭证种类编号，由装订人在装订线封签处签名或者盖章；按编号顺序入柜，以便调阅。

8.4.1 会计凭证的装订

会计凭证的装订是指把定期整理完毕的会计凭证按照编号顺序，外加封面、封底，装订成册，并在装订线上加贴封签。

（1）装订前的设计。有的单位经济业务较少，一个月的记账凭证可能只有几十张，装订起来只有一册；有的单位经济业务频繁，一个月的记账凭证可能有几百张或几千张，装订起来就是十几册或几十册。

装订之前，要设计一下，看一个月的记账凭证究竟订成几册为好。每册的厚薄应基本保持一致，厚度一般以1.5～2.0厘米为宜。不能把几张同属于一份记账凭证及所附的原始凭证拆开装订在两册之中。另外，还要再次检查一下所附原始凭证是否全部加工折叠、整理完毕。凡超过记账凭证宽度和长度的原始凭证，都要整齐地折叠进去。要特别注意装订线眼处的折叠方法,防止装订以后再也翻不开了。

(2) 做好装订工具的配备。一般装订工具配备如下:闸刀1架;取钉器1只;大剪刀1把;大针1枚(钢钩子针或用回形针折成V形);装订线若干;手电钻1把(或装订机1台);胶水1瓶;装订台1张;铁榔头1把;木垫板1块;铁夹若干只;美工刀1把等。

(3) 做好装订前的检查和准备工作

① 将会计凭证按顺序排列放在工作台上,检查记账凭证是否分月按数字的正常顺序连续编号(如1、2、3),是否有跳号或重号现象。

② 摘除记账凭证内的金属物(如订书钉、大头针、回形针)。

③ 整理检查记账凭证顺序号,如有颠倒须重新排列,发现缺号需查明原因后再检查附件有否漏缺,领料单、入库单、工资单、奖金发放单是否随附齐全等。

④ 检查记账凭证上有关人员(如财务主管、复核、记账、制单等)的印章是否齐全。

⑤ 垫角纸。可用120克左右厚度的牛皮纸裁成边长为4.5厘米的正方形,然后再对角线裁下,一分为二。

⑥ 包角纸,可在所在地会计档案专用商店购买。

⑦ 准备好封皮。

所有会计凭证都要加具封皮(包括封面和封底)。封皮应采用较为结实、耐磨、韧性较强的牛皮纸等。记账凭证封面应注明单位名称、凭证种类、凭证编号的顺序号码、凭证所反映的经济业务发生的日期、凭证的起止号码、本扎凭证的册数和张数,以及有关经办人员的签章。会计凭证封面如图8-6所示。

会计凭证封面

单位名称:					
日期:自	年	月	日起至	年 月 日止	
凭证号数:自	号至	号	凭证类别:		
册数:	本月共	册	本册是	册	
原始凭证、汇总凭证张数:共		张			
全宗号:	目录号:		案卷号:		
会计:	复核:	装订人:	年 月 日装订		

图8-6 会计凭证封面

会计凭证封底的内容如表8-16所示。

表8-16 抽出附件登记表

抽出日期			原始凭证号码	抽出附件的详细名称	抽出理由	抽取人签章	会计主管签章	备注
年	月	日						

特别提示

根据财政部《会计基础工作规范》第五十五条规定的精神,会计凭证装订时,对于那些重要的原始凭证,比如各种经济合同、存出保证金收据、涉外文件、契约等,为了便于日后查阅,可以不附在记账凭证之后,另编目录,单独保管,然后在相关的记账凭证和原始凭证上相互注明日期和编号,以便日后核对。

(4)装订。为了使装订成册的会计凭证外形美观,在装订时要考虑到凭证的整齐均匀,特别是装订线的位置,如果太薄时可用纸折一些三角形纸条均匀地垫在此处,以保证它的厚度与凭证中间的厚度一致。正式装订时,按以下顺序进行装订。

① 将凭证封面和封底裁开,分别附在凭证前面和后面,再拿一张质地相同的纸放在封面上面,做护角之用。磕叠整齐,用两个铁夹分别夹住凭证的上侧和左侧。

② 用铅笔在凭证的左上角画一个边长为5厘米的分角线,将直角分成两个45度角,如图8-7所示。

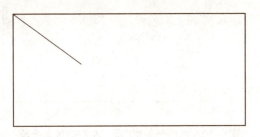

图8-7 边长为5厘米的分角线

③ 在分角线的适当位置上选两个点打孔作为装订线眼，这两个孔的位置可在距左上角的顶端2～4厘米的范围内确定，如图8-8所示。

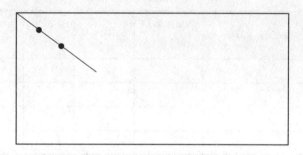

图8-8　选两个点打孔作为装订线眼

④ 用缝毛衣针引线绳沿虚线方向穿绕两孔若干次，并在凭证背面打结，如图8-9所示。

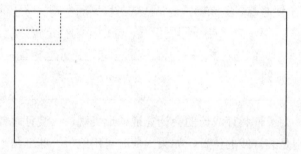

图8-9　用缝毛衣针引线绳沿虚线方向穿绕两孔若干次

⑤ 将放在最上方的牛皮纸裁成一条宽6厘米左右的包角纸条，先从会计凭证的背面折叠纸条粘贴成如图8-10所示形状。

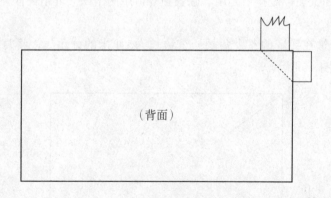

图8-10　裁成一条宽6厘米左右的包角纸条

⑥ 从正面折叠纸条，粘贴成如图8-11所示形状。

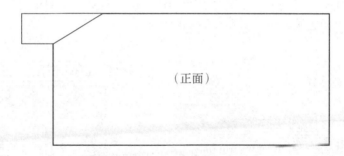

图8-11　从正面折叠纸条

⑦ 将正面未粘贴的包角纸条向后折叠，裁去一个三角形，与背后的包角纸条重叠、粘牢。包角后的会计凭证如图8-12所示。

图8-12　包角后的会计凭证

（5）装订的具体要求

① 上边和左边要对齐，如果原始凭证大于记账凭证，右边和下边要折叠，以便于翻开，如图8-13所示。

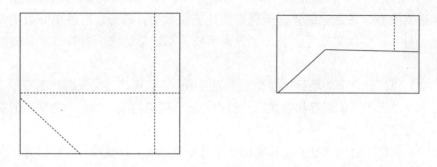

图8-13　上边和左边要对齐，如果原始凭证大于记账凭证，右边和下边要折叠

② 装订线在左上角，并订入一张包角纸，装订完成后将包角纸翻过去在背面粘上，将线头包进去，盖上装订人的印章，以示负责（见图8-14，阴影部分为包角纸，黑色圆点为线眼，灰色线条为装订线）。

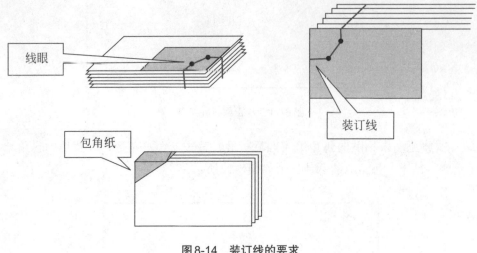

图8-14　装订线的要求

8.4.2　会计凭证的立卷、归档

（1）认真填写好会计凭证封面。认真填写好会计凭证封面，封面各记事栏是事后查账和查证有关事项的最基础的索引和凭证。"启用日期"要把年、月、日写全；"单位名称"要写全称；"本月共××册，本册是××册"要写清楚；"凭证张数"填本册共多少张；记账凭证号数"自第×号至第×号"一栏要填写清晰；"保管期限"是按规定要求本册凭证应保管多少年，还要把原始凭证及记账凭证总页数，按照记账凭证所属原始凭证张数加计清点，准确填好数字。装订年、月、日要如实填写。会计主管人员要盖章，装订线应有封口，并加盖骑缝章。

（2）填好卷脊上的项目。卷脊上一般应写上"某年某月凭证"和案卷号。案卷号主要是为了便于保存和查找，一般由档案管理部门统一编号，卷脊上的编号应与封面案卷号一致。

（3）归档。将装订好的会计凭证按年统一编流水号，案卷号与记账凭证册数编号应当一致，然后入盒，由专人负责保管。

8.5 出纳工作的交接

出纳在进行工作交接时，必须根据企业的财务管理制度进行，以保证出纳工作的前后衔接。

8.5.1 交接情形

需要进行出纳工作交接的情形如图8-15所示。

1. 出纳人员辞职或离开原单位
2. 企业内部工作变动不再担任出纳职务
3. 出纳岗位轮岗调换到会计岗位
4. 出纳岗位内部增加工作人员进行重新分工
5. 因病假、事假或临时调用，不能继续从事出纳工作
6. 因特殊情况如停职审查等按规定不宜继续从事出纳工作
7. 企业因其他情况按规定应办理出纳交接工作的，如企业发生解散、破产、兼并、合并、分立等情况时，出纳人员应向接收单位或清算组移交

图8-15 需要进行出纳工作交接的情形

8.5.2 交接内容

出纳员交接的内容与出纳人员的分工和工作范围应当一致。因此，出纳工作交接的具体内容因企业管理设置不同而各异。出纳工作交接主要包括的内容如表8-17所示。

表8-17　出纳工作交接主要包括的内容

序号	类别	交接内容
1	财产物资	（1）现金（现钞、外币、金银珠宝、其他贵重物品） （2）有价证券（国库券、债券、股票、商业汇票、股权证书等） （3）支票（空白支票、作废支票及支票使用登记簿） （4）发票（空白发票、已用发票和作废发票存根联等联次、发票使用登记簿） （5）收款收据（空白收据、已用发票或作废发票存根联及其他联次、收据使用登记簿） （6）财务印鉴，包括财务专用章或发票专用章，银行预留印鉴，以及"现金收讫""现金付讫""银行收讫""银行付讫"等业务印鉴 （7）会计凭证，包括原始凭证和记账凭证 （8）会计账簿，包括现金日记账和银行存款日记账 （9）银行预留印鉴卡片及银行对账单 （10）相关银行密码或其他预留密码 （11）应由出纳员保管的重要证件、合同、协议等资料 （12）其他会计文件 （13）有关会计用具
2	电算化资料	（1）会计软件及启动盘（如用友、金蝶财务软件） （2）与会计软件有关的密码或口令 （3）存储会计数据资料的介质（磁带、磁盘、光盘、微缩胶片等） （4）有关电算化的其他资料、实物等
3	业务介绍	（1）原出纳员工作职责和工作范围的介绍 （2）每期固定办理的业务介绍，如按期交纳电费、水费、电话费的时间等 （3）复杂业务的具体说明，如交纳电话费的号码、台数等，银行账户的开户地址、联系人等 （4）历史遗留问题的说明 （5）其他需要说明的业务事项

8.5.3　交接过程

出纳工作交接一般按以下步骤进行，如图8-16所示。

图8-16　出纳工作交接步骤

（1）交接准备。在准备阶段，出纳员应做好以下工作。

① 将出纳账登记完毕，并在最后一笔余额后加盖名章。

② 出纳账与现金、银行存款总账核对相符，现金账面余额与实际库存现金核对一致，银行存款账面余额与银行对账单核对无误。

③ 在出纳账启用表上填写移交日期，并加盖名章。

④ 整理应移交的各种资料，对未了事项要写出书面说明。

⑤ 编制"移交清册"（见表8-18），填明移交的账簿、凭证、现金、有价证券、支票簿、文件资料、印鉴和其他物品的具体名称和数量。

表8-18 移交清册

序号	移交物品/资料	具体名称	数量
1	账簿		
2	凭证		
3	现金		
4	有价证券		
5	支票簿		
6	文件资料		
…			

（2）交接阶段。出纳员的离职交接，必须在规定的期限内向接交人移交清楚。接交人应认真按移交清册当面点收。

① 现金、有价证券要根据出纳账和备查账簿余额进行点收。接交人发现不一致时，移交人要负责查清。

② 出纳账和其他会计资料必须完整无缺，不得遗漏。如有短缺，由移交人查明原因，在移交清册中注明，由移交人负责。

③ 接交人应核对出纳账与总账、出纳账与库存现金和银行对账单的余额是否相符，如有不符，应由移交人查明原因，在移交清册中注明，并负责处理。

④ 接交人按移交清册点收公章（主要包括财务专用章、支票专用章和领导人名章）和其他实物。

⑤ 接交人办理接收后，应在出纳账启用表上填写接收时间，并签名盖章。

（3）交接结束。交接完毕后，交接双方和监交人要在移交清册上签名或盖章。移交清册必须具备如下内容：单位名称、交接日期、交接双方和监交人的职务及姓名，以及移交清册页数、份数和其他需要说明的问题和意见。移交清册一般一式三份，交接双方各执一份，存档一份。

8.5.4 出纳移交文书

出纳人员在进行工作交接时,要对以下文书进行移交。

(1) 库存现金移交表。根据现金库存实用数,按币种(分人民币和各种外币)、币别分别填入该表内,如表8-19所示。

表8-19 库存现金移交表

币种:　　　　　　　　　移交日期:　　　　　　　单位:元　　　第　　页

序号	币别	数量	移交金额	接收金额	备注
1	100元				
2	50元				
3	20元				
4	10元				
5	5元				
6	2元				
7	1元				
8	5角				
9	1角				

单位负责人:　　　　　　移交人:　　　　　　监交人:　　　　　　接管人:

(2) 银行存款移交表。在移交时要根据银行存款账面数、实有数、币种、期限、开户银行等分别填写,如表8-20所示。

表8-20 银行存款移交表

移交日期:　　　　　　　　　　　　　　　　　单位:元　　　第　　页

开户银行	币种	期限	账面数	实有数	备注

附:a. 银行存款余额调节表。b. 银行预留卡片一张。

单位负责人:　　　　　　移交人:　　　　　　监交人:　　　　　　接管人:

(3) 有价证券、贵重物品移交表。在移交时应根据清理核对后的有价证券、贵重物品按品种、价值等分别登记,如表8-21所示。

表8-21 有价证券、贵重物品移交表

移交日期：　　　　　　　　　　　　　　　　　　单位：元　　　第　　页

名称	购入日期	单位	数量	金额	备注
××债券					
××票据					
××股票					
××贵重物品					

单位负责人：　　　　　　移交人：　　　　　　监交人：　　　　　　接管人：

（4）办公物品移交表。办公物品是指会计用品、公用会计工具等，如表8-22所示。

表8-22 办公物品移交表

移交日期：　　　　　　　　　　　　　　　　　　　　　　　第　　页

名称	编号	型号	购入日期	单位	数量	备注
保险柜						
文件柜						
照相机						
财务印章						
……						

单位负责人：　　　　　　移交人：　　　　　　监交人：　　　　　　接管人：

（5）核算资料移交表。出纳工作中的核算资料包括出纳账簿、收据、借据、银行结算凭证、票据领用使用登记簿等，如表8-23所示。

表8-23 核算资料移交表

移交日期：　　　　　　　　　　　　　　　　　　单位：元　　　第　　页

名称	年度	数量	起止号码	备注
现金日记账				
银行存款日记账				
收据领用登记簿				
支票领用登记簿				
……				

单位负责人：　　　　　　移交人：　　　　　　监交人：　　　　　　接管人：

（6）出纳交接书。出纳交接书是把移交表中没法列入或尚未列入的内容做一个进一步的说明。以下是网上频现的某出纳制作的出纳交接书，相信对你会有所帮助。

出纳交接书

原出纳员×××，由于工作调动，财务部已决定将出纳工作移交给×××接管。现办理如下交接。

（一）交接日期

_____年____月____日

（二）具体业务的移交

1. 库存现金：____月____日账面余额_____元，实存相符，月记账余额与总账相符。

2. 库存国库券：_____元，经核对无误。

3. 银行存款余额：_____万元，经编制"银行存款余额调节表"核对相符。

（三）移交的会计凭证、账簿、文件

1. 本年度现金日记账一本。

2. 本年度银行存款日记账两本。

3. 空白现金支票××张（××号至××号）。

4. 空白转账支票××张（××号至××号）。

5. 托收承付登记簿一本。

6. 付款委托书一本。

7. 信汇登记簿一本。

8. 金库暂存物品明细表一份，与实物核对相符。

9. 银行对账单1～10月份10本。

10. 月份未达账项说明一份。

（四）印鉴

1. ××公司财务处转讫印章一枚。

2. ××公司财务处现金收讫印章一枚。

3. ××公司财务处现金付讫印章一枚。

（五）交接前后工作责任的划分

_____年____月____日前的出纳责任事项由朱××负责；

_____年____月____日起的出纳工作由金××负责。以上移交事项均经交接双方认定无误。

（六）本交接书一式三份，交接双方各执一份，存档一份。

移交人：×××（签名盖章）　　接管人：×××（签名盖章）

监交人：×××（签名盖章）　　××公司财务处（公章）

××××年××月××日